Wolfgang Fikentscher
Demokratie

SERIE PIPER
Band 1828

Zu diesem Buch

1989 hat, so heißt es, die Demokratie gesiegt. Aber was ist Demokratie? Wolfgang Fikentscher versucht, in kurzer Form die Demokratie zu erklären. Es geht ihm dabei nicht um die verfassungsmäßigen Feinheiten der unterschiedlichen Ansätze. Vielmehr möchte er die Grundsatzfragen klären. Welche Rechte von Minderheiten müssen gewahrt bleiben? Welche Möglichkeiten hat die Demokratie in den verschiedenen kulturellen Denkarten? So ist ein grundsätzlicher Führer entstanden, der Art und Wesen der Demokratie auf wenigen Seiten komprimiert.

Wolfgang Fikentscher, geboren 1928, ist ordentlicher Professor für Bürgerliches Recht an der Universität München. Für die Bundesregierung, die EG und die UNCTAD war er beratend tätig. Zu Fragen der Demokratisierung im ehemaligen Ostblock unternahm er mehrere Vortragsreisen.

Wolfgang Fikentscher

Demokratie

Eine Einführung

Piper
München Zürich

ISBN 3-492-11828-3
Originalausgabe
November 1993

Umschlag: Federico Luci
Gesamtherstellung: Clausen & Bosse, Leck
Printed in Germany

Inhalt

Die Demokratie und die kulturellen Denkarten

Vorwort

Dies Buch versucht, in kurzer Form die Demokratie zu erklären. Anlaß dazu besteht aus mehreren Gründen.

In Ostdeutschland haben Politiker Schwierigkeiten, mit der vierzig Jahre lang ersehnten und schließlich in friedlicher Revolution erkämpften Demokratie zurechtzukommen. Aus Westdeutschland wird ihnen dabei wenig Hilfe zuteil.

In den Ländern des früheren Ostblocks will man zwar die Demokratie, aber oft ist kaum bekannt, wie sie praktisch arbeitet. Viele Länder der Dritten Welt stehen vor dem gleichen Problem.

Selbst in den klassischen Ländern der Demokratie regen sich Zweifel. In den Vereinigten Staaten von Amerika wird diskutiert, ob die 1789 eingeführte Präsidialdemokratie modernen Anforderungen noch gerecht wird. In der Präsidialdemokratie braucht der Präsident nicht der Mehrheit im Parlament anzugehören. Das kann den politischen Prozeß belasten. Man kritisiert auch, daß wegen der hohen Gebühren für zeitlich festgelegte Werbesendungen nur noch diejenigen Präsidentschaftskandidaten eine Chance haben, die bestimmten Geldgebern Wahlgeschenke versprechen, damit der Wahlkampf finanzierbar wird. Ob die Kritik zu Recht besteht, kann hier offen bleiben.

Es müßte möglich sein, in wenigen Zeilen das Wesen der Demokratie zu schildern. Gelehrte Betrachtungen haben dabei beiseite zu bleiben. Das Grundsätzliche und Einfache steht im Vordergrund. Als nach dem Ende des verlorenen Zweiten Weltkriegs die Westdeutschen ihre Demokratie aufbauten, wußten viele Bürger nicht, was man darunter versteht. Nur in einem einzigen Land hat eine einzige Partei Anfänger-Unterricht in Demokratie auf dem Land und in der Stadt angeboten: die F.D.P. in Bayern. Die anderen deutschen Parteien begannen unversehens mit der Tagespolitik. Das rächte sich später mehrfach, u. a. in der Studentenrevolte von 1968. Auch sie führte nur allzu selten zu einer Neubesinnung auf das Wesen der Demokratie. Die Schwierigkeiten in den neuen Bundesländern sind bekannt. »Wie baut man ohne erfahrene Demokraten eine Demokratie auf?«, fragte Klaus Brill in der Süddeutschen Zeitung vom 27./28. Juni 1992 nach einem Interview mit Wittenbergs Bürgermeister Eckhard Naumann. Vielleicht hat der Anfänger-Unterricht zu früh aufgehört.

Die Diskussion demokratischer Grundbegriffe in den früheren Ostblock- und in manchen Entwicklungsländern wirft eine bisher noch kaum beachtete Frage auf: Wie soll eine Demokratie in Kulturen aussehen, die nicht dem westlichen Kulturkreis angehören, in dem die Demokratie entstanden ist? Müssen alle, die demokratisch leben wollen, »westlich« werden? Oder gibt es kulturübergreifende Gestaltungen der Demokratie? Die Antwort hängt mit den kulturellen Denkarten zusammen.

Der Verfasser des vorliegenden Versuchs einer kurzen Beschreibung der Demokratie ist von Beruf weder Politiker noch Historiker, sondern Jurist. Er lehrt an der Universität München die Rechtsvergleichung, d. h. den Vergleich verschiedener Rechtssysteme. Zugleich ist er Rechtsanthropologe und beschäftigt sich mit den unterschiedlichen Verständnisweisen des Rechts in der eigenen und in anderen Kulturen. Somit bilden Vergleichung und Anthropologie des Rechts den Hintergrund dieses Buches. Die Beispiele sind nicht nur der deutschen Erfahrung entnommen, sondern auch den Traditionen anderer Länder einschließlich denen der für die Anthropologie wichtigen Stammeskulturen.

Die oben angeführten Fragen sollen in den folgenden vier Kapiteln behandelt werden. Kapitel 1 beschreibt Wesen und Arten der Demokratie. Das Wesen der Demokratie besteht darin, daß die *Mehrheit* auf Zeit Recht hat und *Minderheiten aller Art* Sicherheitsgarantien besitzen, an denen auch die Mehrheit nicht rütteln darf. Darum behandelt Kapitel 2 die Mehrheit und Kapitel 3 die Minderheiten mit ihren »mehrheitsfesten« Schutzgarantien. Kapitel 4 betrachtet die Möglichkeit einer Demokratie in den verschiedenen kulturellen Denkarten.

Die ersten Anregungen zu einer »die Demokratie« in Kürze beschreibenden Abhandlung stammen aus den Jahren nach 1965, als an den deutschen Universitäten mit Leidenschaft um das zutreffende Bild einer für unsere Gesellschaft angemessenen demokratischen Lebensform gerungen wurde. Damals wurden Notizen zu Papier gebracht. Den letzten Anstoß gaben demokratietheoretische Überlegungen mit russischen Freunden. In diesen Diskussionen, die im Mai 1992 in Moskau stattfanden, ging es sehr grundsätzlich um eine für Rußland und die anderen Nachfolgestaaten der Sowjetunion geeignete Staats- und Wirtschaftsform. Die amerikanischen und deutschen Teilnehmer dieser Gespräche standen unter dem Eindruck, daß es in den ehemaligen sozialistischen Ländern weithin an einfacher und faßlicher Vermittlung von Kenntnissen dessen fehlt, was man unter Demokratie versteht.

Dem Gruter Institute for Law and Behavioral Research, Portola Valley, CA, USA, ist für die organisatorische Initiative und die finanzielle Ermöglichung jener Moskauer Gespräche zu danken, denen inzwischen weitere in Washington, D.C., und anderwärts gefolgt sind. Den russischen Gesprächspartnern wird für ihre Anregungen und Gesprächsbereitschaft gedankt. Frau Sontje Pfaff besorgte die Vorbereitung des Manuskripts. Dem Verlag gebührt Dank für die Bereitschaft zum verlegerischen Wagnis.

München, im Januar 1993 Wolfgang Fikentscher

Was Demokratie ist und was nicht

Der Begriff der Demokratie

Die Demokratie ist die Regierungsform, bei der sich die Regierten selbst regieren. Man nennt diese sich selbst regierenden Regierten Bürger. Man könnte sie auch Teilnehmer oder Mitglieder nennen. Wichtig ist, daß diese Bürger über sich selbst bestimmen. Die Demokratie ist also »von unten nach oben« aufgebaut. Wegen der Gleichordnung der über sich selbst bestimmenden Bürger ist die Demokratie zugleich horizontal organisiert. Dies bedingt horizontale Kontakte unter den Bürgern. Demokratische Organisation ist im Ansatz immer horizontal. In diesem Sinne ist die demokratische Gesellschaft eine »organisierte Gesellschaft«. In einem demokratischen Land hat das aus dem Bürgern bestehende Volk immer die Regierung, die es verdient, weil es diese Regierung einsetzt.

Das Gegenteil der Demokratie ist die Regierungsform, bei der die Bürger von der Bestimmung über sich selbst ausgeschlossen sind. Ihr Schicksal wird »von oben« bestimmt. Es wird diktiert. Die nichtdemokratische Regierungsform heißt daher Diktatur. Diktatorisch geführte Sozietäten kann man wegen der vorwiegend vertikal durchgesetzten Willensbildung auch »vertikale Gesellschaften« und mit Blick auf den mangelnden Verbund zwischen den Bürgern »fragmentierte Gesellschaften« nennen. Es gibt keine dritte Regierungsform. »Halb-Demokratien« und »Halb-Diktaturen« sind nicht denkbar. Man muß sich für das eine oder andere entscheiden. Entweder die demokratischen oder die diktatorischen Züge einer Regierung überwiegen. Auch eine Diktatur, die durch großzügige Handhabung der Gesetze – manche sagen durch Schlamperei – gemildert ist, und auch der »aufgeklärte Absolutismus«

Friedrichs des Großen von Preußen (1712–1786) und Josephs II. von Österreich (1741–1790) sind Diktaturen. Umgekehrt bleibt eine Demokratie, in der bestimmte Kreise Macht an sich reißen und die Selbstbestimmung der Bürger zu schmälern suchen, eine – schlechte und daher verbesserungswürdige – Demokratie.

Die drei Arten der Demokratie

Die Völker haben drei Hauptformen der Demokratie entwikkelt: die Konsensdemokratie, die duale Demokratie und die korporative Demokratie. Die Betrachtung der drei Hauptformen führt in die Anthropologie des Rechts. Auch frühe Kulturen standen vor der Notwendigkeit, eine Friedenseinheit mit entsprechender Regelungs- und Entscheidungsautorität zu bilden. Diese »Urformen« der Demokratie sind heute nicht nur für Entwicklungsländer von Interesse.

1. *Die Konsensdemokratie* findet sich vor allem in Stammesgesellschaften. Personalentscheidungen erfolgten bei den Navajo in »vorzivilisatorischen« Zeiten durch eine »einstimmige Entscheidung, die entweder durch Überredung erreicht wurde oder durch feierliche Ansprachen, die so lange dauerten, ›bis diejenigen, die sich in Opposition befanden, es für nutzlos oder politisch unklug hielten, weiter ihre Nichtübereinstimmung zur Geltung zu bringen‹«.[1] In der Konsensdemokratie muß jeder zustimmen, bevor etwas geschieht. Das ist schwerfällig, weil *eine* Gegenstimme einen Beschluß verhindern kann. Andererseits erscheint das Konsensprinzip in bestimmter Weise besonders »legitim«: Der Wille eines jeden wird gebraucht. In Wirklichkeit sind es aber meist die starken Persönlichkeiten, die sich durchsetzen.[2] Wie auch sonst oft geben die Klügeren nach. In der Konsensdemokratie lassen sie der Mehrheit oder den Lautstarken ihren Willen, in Rechnung stellend, daß der einstimmige Beschluß von Unheil sein könnte, Uneinigkeit jedoch das größere Übel wäre. Das Konsensprinzip ist eine radikale

Grundform der Demokratie. Sie ist aber kein Ideal. Zwar geht es auch in der Konsensdemokratie darum, eine Ordnungsform für das Begründen und Treffen allgemein verbindlicher Entscheidungen unter Beteiligung aller Bürger zu finden. Jedoch ist das Konsensprinzip in der modernen Gesellschaft durch seine Schwerfälligkeit weithin illusionär.

Marxistische Studentengruppen und anarchistische Kommunen haben es mit dem Konsensprinzip versucht. Aber da der Marxismus den freien Willen des einzelnen und damit privatautonome Entscheidung ablehnt, setzen sich bei den Marxisten die Vertreter des »richtigen Bewußtseins« durch und zwingen die anderen zur Zustimmung. Nichtmarxistische Gruppen, namentlich anarchistische, sehen meist bald ein, daß die Konsensdemokratie in der heutigen komplizierten Welt ineffektiv ist. Nicht alle Stammesgesellschaften sind nach dem Konsensprinzip geordnet. Es finden sich verbreitet auch Oligarchien und Monarchien mit diktatorischen Befugnissen.

Regelmäßig liegt der Sozialordnung einer Stammesgesellschaft der Vergleich mit Verwandtschaftsverhältnissen zugrunde. In den stammesgesellschaftlichen Konsensdemokratien ist Vorbild die Gemeinschaft von Brüdern oder Schwestern. Von einer solchen »Bruderschaft« oder »Schwesternschaft« wird erwartet, daß sie sich immer einig ist. Die wichtigsten Vorbilder für nicht-demokratische soziale Strukturen in Stammeskulturen sind das Verhältnis von Vater und Sohn oder Mutter und Familie sowie die Verhältnisse in der Patrilinie, Matrilinie oder im Clan. Zusammengefaßt gilt, daß Sozialordnungen von Stammesgesellschaften (mit der seltenen Ausnahme der Tewa-Moieties, dazu sogleich) auf Verwandtschaftsvorbildern (kin metaphors) beruhen.[3] Das ist bei den beiden nun zu erörternden Demokratieformen anders: Dort gilt das Übersummenprinzip.[4]

2. *Die duale Demokratie* ist ein Unterfall der Moiety-Ordnung, wie sie sich in manchen Stämmen findet und dort verschiedenen Zwecken sozialer Ordnung dient.[5] Sie kann z. B., wie bei den Tewa-Pueblos im nördlichen New Mexico, dazu ver-

wendet werden, den Volksstamm in zwei politische Hälften zu teilen, von denen jede im regelmäßigen Wechsel für eine bestimmte Zahl von Monaten die Regierung übernimmt. Das bedeutet Zwang zur Rücksichtnahme auf die jeweils andere Hälfte und Zusammenarbeit zwischen den beiden Moiety-Hauptleuten. Man kann sich duale Stammesorganisationen oligarchisch oder demokratisch, nicht aber monarchisch vorstellen. Die Tewa-Moieties verfahren heute politisch vorwiegend demokratisch. Wegen der Überschaubarkeit der Pueblos und wegen der Zugehörigkeit eines jeden zu einer Moiety können die Interessen des einzelnen wirksam wahrgenommen werden.[6] Man kann daher bei den Tewa-Moieties, wenn man von bestimmten paternalistischen oder maternalistischen Erscheinungen absieht, von dualen Demokratien sprechen.

Die duale Demokratie hat der Konsensdemokratie eines voraus: Während es für die Teilnehmer einer Konsensdemokratie aufgrund des Verwandschaftsvorbilds (kin metaphor) weder nötig noch in aller Regel möglich ist, sich den ganzen Stamm als eigene Einheit, als etwas von der »Vollversammlung« der Teilnehmer Getrenntes vorzustellen, hebt sich in der dualen Demokratie das Ganze, der Stamm als solcher, von den Mitgliedern ab. Die sich abwechselnden Moiety-Hauptleute werden zu Funktionsträgern. Nun beginnt das Prinzip der *Übersumme* zu gelten: Das Ganze wächst über die Addition der Teile hinaus, das Ganze ist – in den Worten von Aristoteles – mehr als die Summe der Teile.

Die duale Demokratie ist also entscheidungskräftiger als die Konsensdemokratie. Man kommt schneller zu Beschlüssen. Es reicht, wenn ein Moiety-Hauptmann in Abstimmung mit dem anderen etwas beschließt. Beide müssen das dann allerdings vor ihren Halbstämmen verantworten. Auch diese Verantworgung des Funktionärs ist etwas Neues, das die Konsensdemokratie nicht kennt. Aber die duale Demokratie besitzt nicht, worüber die korporative Demokratie verfügt: eine Mitgliederversammlung *aller*, die ihren Funktionären Aufträge gibt.

3. Kombiniert man den Gedanken der »Vollversammlung«

aus der Welt der Konsensdemokratie mit dem der Funktionsträgerschaft aus der dualen Demokratie, gewinnt man die korporative Demokratie. Die *korporative Demokratie* geht wie die duale Demokratie vom Übersummenprinzip aus: Der Verband steht neben der Summe seiner Mitglieder. Aber im Unterschied zur dualen Demokratie zählen *alle* Mitglieder – und nun erst kann man wirklich von Mitgliedern sprechen – zu einer Versammlung, in der sie grundsätzlich gleichberechtigt Sitz und Stimme haben.

Wie in der dualen Demokratie kommt es auf den Faktor Zeit an. Die Konsensdemokratie ist so zeitlos wie die ihr zugrunde liegende Verwandtschaftsmetapher der Gemeinschaft der Brüder oder Schwestern. Dagegen kommt die duale Demokratie wegen des turnusmäßigen Wechsels in der Leitung des Stammes nicht ohne das Element der ablaufenden Zeit aus. *Auf Zeit* wählt auch in der korporativen Demokratie die Versammlung Funktionäre, die nach dem Ende ihres Amtes Rechenschaft ablegen müssen. Dadurch, daß alle in der Versammlung vertreten sind, kann *nun mehrheitlich* abgestimmt werden. Es entstehen die Begriffe Mehrheit und Minderheit. Das erzwingt in Verbindung mit der Zeitvorstellung einen rechtlichen Schutz der Minderheit.

Dies System von Vollversammlung und Funktionärstum auf Zeit nennt man Korporation.[7] Natürlich können in korporierter Form bestehende Staaten auch Oligarchien oder Monarchien, und beide können Diktaturen sein. Dann aber haben bestimmte Leute die Macht an sich gerissen. In diktatorisch regierten Korporationen wird das Übersummenprinzip wieder aufgehoben. Da die einzelnen keine Funktion mehr haben, reduziert der Diktator das »mehr« (um das das Ganze »mehr« ist als die Summe der Teile) auf Null. Gedacht ist die Korporation also für die Demokratie. Die Korporation ist ein »Körper« mit »Organen«. Sie hat eine Mitgliederversammlung und eine Vorstandschaft, die mit Befugnissen ausgestattet ist. Entwickelt wurde sie im Athen des Altertums.[8] Wohl unabhängig davon entwickelte sie sich bei einigen germanischen Stämmen, vor allem den Franken.[9] Sie bildeten das Vasallen-Lord-System heraus, das bei den Normannen (die es von den Franken in Frankreich lernten) später Pledge-of-faith-System, Treue-System, genannt wurde. Man spricht in diesem Zusammenhang vom »fränkischen Feudalismus«. Im Unterschied zu anderen Feudalsystemen beruht er auf dem Treueband der Mitglieder untereinander und zwischen Mitgliedsversammlung und Organ. Die lehnsrechtliche Herrschaftsform als Vorläufer des modernen gewaltengeteilten, föderativen demokratischen Staats wird gerade in jüngster Zeit wieder diskutiert.[10] Von England aus unternahm die korporative Verfassung der Franken ihren Siegeszug um die Welt über die USA, alle Länder, die sich an der US-Verfassung (als der ältesten schriftlichen in einem noch bestehenden souveränen Staat) orientierten, bis hin zur UNO. Nach der Ausdehnung der korporativen Verfassung auf alle Bürger – als säkularisiertes Laienpriestertum der Reformation – wurde sie zur korporativen Demokratie.[11]

Die korporative Demokratie ist die wirkungsfähigste, dafür aber – weil regelmäßig nur auf Mehrheitsentscheidungen beruhend – die im Verhältnis zu den beiden anderen weniger legitime Demokratie.[12] Insofern ist sie das Gegenstück zur Konsensdemokratie. Die duale Demokratie steht an Effizienz und Legitimität zwischen beiden.

Die korporative Demokratie hat einige Einteilungen erfahren. Man unterscheidet die korporative Demokratie *ohne Grundrechte* (wie die Athener Demokratie[13]) von der *mit Grundrechten* ausgestatteten, die man Grundrechtsdemokratie genannt hat.[14]

Die Grundrechtsdemokratie kann *direkt* sein, wie in der Schweiz, wo jeder Bürger unmittelbar an der Entscheidungsfindung mitzuwirken berufen ist (»Dorfplatzdemokratie«), oder *indirekt*, d. h. ausgestattet mit gewählten Abgeordneten, die den Willen der Wähler im nächsthöheren Gremium vertreten. Die indirekte heißt wegen der Verwendung von Vertretern des Volkswillens gewöhnlich die *repräsentative* Demokratie.

Die repräsentative Demokratie ist entweder eine »Präsidialdemokratie« (Beispiel USA) oder eine »parlamentarische Demokratie« (Beispiele Großbritannien, Deutschland). Der Unterschied besteht im Grad der Gewaltenteilung: In den USA als Präsidialdemokratie sind die drei Staatsgewalten Parlament, Regierung und Justiz so strikt voneinander getrennt, daß die Regierung vom Parlament unabhängig ist. Der Präsident braucht keiner Partei anzugehören und kann, wenn er einer angehört, gegen die Mehrheit einer anderen Partei im Parlament regieren.[15] Wechselt die Mehrheit im Parlament, berührt das den Präsidenten nicht. In der parlamentarischen Demokratie ist der Ministerpräsident Vertreter der stärksten Partei oder Parteienkoalition des Parlaments. Er und seine Minister, also das »Kabinett«, bilden praktisch einen Ausschuß der stärksten Partei oder Parteienkoalition. Wechselt die Mehrheit im Parlament, muß die Regierung ausgewechselt werden. Durch seine Anbindung an die Parlamentsmehrheit hat der Ministerpräsident mehr Macht und größere Legitimität als der Chef einer Präsidialdemokratie.[16] Allerdings sind parlamentarische Demokratien aus dem gleichen Grund oft einem häufigeren Regierungswechsel unterworfen als Präsidialdemokratien. Diesem Mangel kann man allerdings durch ein »konstruktives Mißtrauensvotum« nach dem Vorbild von Art. 67 Grundgesetz abhelfen.

Die klassischen Mißverständnisse der Demokratie

Winston Churchill nannte einmal die Demokratie eine schlechte Regierungsform, aber die von allen Regierungsformen immer noch am wenigsten schlechte. Wenn man die folgenden »klassischen« Mißverständnisse der Demokratie vermeidet, ist sie vielleicht noch ein bißchen weniger schlecht. Die Hauptmißverständnisse der Demokratie erhalten hier Namen, die willkürlich gewählt, aber einprägsam sind.

1. Das »Helmut-Schelsky-Mißverständnis«

Es lautet: »Die Demokratie beruht auf dem Mehrheitsgrundsatz.«[17] Dieser Satz ist unzutreffend, weil der Schutz der Minderheit als solcher, der von Minderheitsgruppen und der Grundrechtsschutz des einzelnen genauso wichtig sind wie die unbestreitbare Tatsache, daß im Parlament die Mehrheit das Sagen hat.[18] Der Mehrheitsgrundsatz gehört zur korporativen Demokratie, aber er macht gleichsam nur 50% der Demokratie aus. Zur anderen Hälfte besteht die Demokratie aus Minderheits-, Minderheiten- und Einzelschutz.

2. Das »Diktat-der-Mehrheit-Mißverständnis«

Kleine Parteien sagen im Wahlkampf oft den Wählern, es käme auf sie an, weil es gelte, die »Diktatur der Mehrheit« einer Partei zu verhindern. Wenn eine Partei mehr als 50% bekomme, dann könne sie diktatorisch regieren. Das müsse durch den Zwang zur Koalition mit einer kleineren Partei verhindert werden.

Das Argument ist aus mehreren Gründen falsch. Es verkennt, daß alle demokratische Politik auf Kompromissen beruht, weil viele Leute viele Meinungen haben, und die Demokratie darin besteht, daß jeder seine Meinung in die Entscheidungsfindung einbringen soll. Wenn also zur Entscheidung von Sachfragen ohnehin stets Kompromisse gemacht werden müssen, dann ist es grundsätzlich besser, der einzelne Wähler macht sie vor der Wahl in seinem eigenen Kopf, als die Parteien nach der Wahl in einer Koalitionsverhandlung. Da die korporative Demokratie gegenüber der Konsens- und der dualen Demokratie wegen ihrer unbestreitbar größeren Effizienz ein gewisses theoretisches Legitimationsdefizit hat, sollte man dieses nicht noch vergrößern durch die Verschiebung des stets erforderlichen Kompromisses in die wählerferne Koalitionsverhandlung nach der Wahl. Zweitens ist eine Über-50%-Mehrheit einer Partei im Parlament niemals Diktatur, weil der Wählerwille dahintersteht, der Bezug zur Basis – das Wesen der Demokratie – also gewahrt ist. Und drittens kann keine regierende Partei ohne Rücksicht auf die Minderheit regieren. Wenn sie der Minderheit den Dialog über die zu bildenden Kompromisse verweigern sollte, sind ihre politischen Tage gezählt. Wenn die Führungsriege einer großen Partei klug ist, bietet sie den Wählern Parteiflügel an und sorgt dafür, daß die Standpunkte der Parteiflügel bei den Parteibeschlüssen berücksichtigt werden. Dann sieht der Wähler seine Meinung in der Partei vertreten. Daß man sich nie 100 %ig durchsetzt, weiß jeder.

3. Das »attische Mißverständnis«

Es bescherte den Begründern der korporativen Demokratie, den Athenern, das baldige Ende ihrer Erfindung.[19] Das attische Mißverständnis beruht auf der Auffassung, wenn schon jeder im Staat seine Meinung haben und in die Politik einbringen solle, dann lasse sich jede Meinung und jeder Wert vertreten. Auf einem solchen Werte-Relativismus beruhte im Athen des 5. Jahrhunderts v. Chr. die philosophische Grundhaltung der Sophisten, man könne alles für wahr und gut erklären, man müsse nur die nötige Überzeugungskunst erlernen.[20] Daß es absolut zu setzende, unaufgebbare Werte gibt, von denen die durch die Sophisten in Anspruch genommene Freiheit der Wertentscheidung abhängt, wird dabei verkannt.[21] Mit unabdingbar geltenden Werten aber entfällt der Grundrechtsschutz, mit ihm die Meinungsfreiheit und mit ihr die Demokratie. Die werte-relativistische attische Demokratie endete letzlich durch die ihr immanente Labilität. Daß die fränkische korporative Regierungsform mit ihrem doppelten Treueband (zwischen den Mitgliedern und zwischen ihnen und den Organen) im Unterschied zur griechischen Demokratie überlebte, verdankt sie dem Christentum, das durch sein Bestehen auf unentziehbaren Werten einen sophistischen Werte-Relativismus verhinderte und damit der korporativen Struktur die nötige Stabilität verlieh.[22]

4. Das »volksrepublikanisch-chinesische Mißverständnis«

Es lautet: »Man kann die Marktwirtschaft mit der Diktatur verbinden.« Die Führung der Volksrepublik China will an zentraler, nicht vom Volk abgeleiteter Machtausübung festhalten (was von ihr »sozialistisch« genannt wird), aber die Wirtschaft dem Markt öffnen (und also insoweit entsozialisieren). Der Fehler liegt in der Verkennung einer Alternative: Man kann Werte nur entweder *im Dialog* ermitteln und sich ihnen dabei nähern, oder man muß Werte *autoritativ* setzen. Eine dritte Möglichkeit gibt es nicht. Die Volksrepublik China will das erste in der Wirtschaft, das zweite in der Politik. Aber Wirtschaft und Politik lassen sich nicht auf diese Weise trennen, zumindest nicht dauernd. Der Kauf einer politischen Zeitung ist das beste Beispiel. Für Chinas verbreitetste traditionelle Denkart, den Konfuzianismus, hängt sowieso – vereinfacht ausgedrückt – alles mit allem zusammen. Das folgt aus der konfuzianischen Harmonie-Vorstellung. Das volksrepublikanisch-chinesische Mißverständnis ist also im Grunde unchinesisch. Die derzeit zugewiesenen einzelnen Freiräume bilden einen labilen Übergang, dessen Dauer und Zielrichtung noch völlig offen sind.

5. Das »bolivianische Mißverständnis«

Es ist dem volksrepublikanisch-chinesischen verwandt. Seinen hier gewählten Namen verdankt es einem eindrucksvollen Leserbrief, geschrieben von Herrn Gary D. Rosenberger an die New York Times.[23] In dem Brief wird vor einer unbedachten Rückkehr Boliviens zur Marktwirtschaft gewarnt. Zwar ist in dem Brief von Demokratie nicht ausdrücklich die Rede. Aber kraft ihrer Dialogbezogenheit ist die Marktwirtschaft für die Ökonomie das, was die Demokratie für die Politik ist: die gedankliche Grundlage. Der Inhalt des Briefes ist für Erwägungen dieser Art kennzeichnend und entbehrt nicht der Tragik. Hier wird der Zusammenhang von Demokratie und Marktwirtschaft in anderer Weise verkannt. Jede freie Marktwirtschaft führt, zunächst konsequent durchgeführt, zu ihrem Gegenteil, dem Monopol. Denn unter den Bedingungen schrankenloser Freiheit setzt sich der Stärkste durch und beseitigt damit die Freiheit. Das ist das Freiheitsparadox.[24] Es bedarf einer starken Demokratie, um die Bedingungen der Freiheit für alle (auch für den bolivianischen Bergarbeiter) nicht nur zu schaffen, sondern auch immer wieder herzustellen. Daran hapert es in Bolivien, und nicht nur dort. Demokratie und freie Wirtschaft – einschließlich daseinswürdiger wirtschaftlicher Verhältnisse der Verbraucher – sind aufeinander angewiesen. Sie sind es u. a. in dem Sinne, daß die Demokratie die Wirtschaft auf die Bedingungen ihrer Freiheit für alle hin ständig kontrollieren muß. Das verkennen die Bolivianer (und nicht nur sie). Der »bolivianische« Fehler liegt nicht in der Freiheit des Marktes, sondern in ihrer mangelnden *demokratischen* Kontrolle. Des Rätsels Lösung besteht nicht in einer Begrenzung des Marktes, sondern in der Bestandssicherung seiner Bedingungen auf Dauer durch das Recht. Das würde auch für die VR China gelten.

6. Das »spanische Mißverständnis von 1975«

Es könnte auch das »(neu)griechische, »ostdeutsche«, »russische« oder »polnische« heißen. Es unterlief den meisten Ländern, denen es gelang, eine Diktatur abzuschütteln. Eines der frühesten Beispiele bietet Spanien in den Jahren nach dem Tod des Generalissimus Francesco Franco (1975). Wenn die Demokratie kommt, werden die Gefängnisse geöffnet, der allgemeine Haß wendet sich gegen die Polizei, das Strafrecht wird gemildert oder tritt für eine Weile ganz außer Funktion. Sofort schlägt das Verbrechertum zu, und die schöne junge Freiheit wird von einigen wenigen mißbraucht, aber doch so gründlich, daß bald der Ruf nach Rückkehr früherer »Stabilität« ertönt. Die Verbrechenswelle, die Mafia, die allgemeine Unsicherheit wird der Demokratie angelastet. Welcher Fehler wurde gemacht? Man hatte Demokratie mit staatlicher Schwäche verwechselt. Jede Demokratie muß wehrhaft sein gegen die, die sie abschaffen wollen, und gegen die, die sie mißbrauchen.[25] Das gilt immer, vor allem auch in Zeiten schwieriger Übergänge.

Was Spanien anbelangt, wurde der Fehler bald erkannt und inzwischen weitgehend behoben. Ein staatsmännisch handelnder König und hervorragende Parteipolitiker ebneten den Weg zur gesicherten Demokratie und gaben anderen Ländern damit ein Vorbild.

7. *Das »afrikanische Mißverständnis«*

Das afrikanische Mißverständnis liegt nahe, wenn ein nach 1945 entkolonialisiertes Land mehrere Stämme umfaßt, wie Nigeria, Zimbabwe, Kenia, Zaire u. a. m. Wenn man in einem solchen Land das demokratische Mehrheitsprinzip einführt, formiert sich der stärkste Stamm als »Partei« und beherrscht, gestützt auf die »Errungenschaft der Demokratie«, die anderen Stämme und das ganze Land. Was in jahrhundertelanger Stammeskriegsführung nicht gelang und unter der Herrschaft der Kolonialmacht verhindert wurde, die Beherrschung der Nachbarstämme, fällt dem volkreichsten Stamm jetzt als (mißverstandene) Demokratie und mit scheinbarer Billigung der westlichen Demokratien und der Weltöffentlichkeit in den Schoß. Tausende haben das afrikanische Mißverständnis von Demokratie mit Tod, Folter, Gefangenschaft oder Vertreibung bezahlt.

Welchen Fehler hatte man gemacht? Wo Stammesfeindschaften noch empfunden oder Stämme mit Gewalt zusammengehalten werden, bedarf es eines rechtlich gesicherten Schutzes des Bestandes und der Lebensweise der Ethnien. Das gehört zum »Minderheitenschutz« und geht u. U. darüber hinaus.[26] Wo das Ganze noch nicht als ein »Mehr« gegenüber der Summe der Teile verstanden wird, darf man nicht auf freien Wahlen bestehen. Sie führen zum Wahlboykott (Libanon 1992) oder zum Bürgerkrieg (Bosnien-Herzegowina 1991/2).

8. Das »US-amerikanische Mißverständnis«

Der US-amerikanische Wappenspruch lautet: »E pluribus unum«. Aus *Staaten* sind in der Tat die Vereinigten Staaten als Bundesstaat geformt. Aber in seinem anderen, tiefergehenden Sinne wird der Spruch wenig, und wie es scheint, immer weniger befolgt. Der Spruch bedeutet ja auch, daß es in der dualen und in der korporativen Demokratie darum geht, eine politische Einheit *über den Bürgern* zu schaffen. Wird dies mit einer repräsentativen Demokratie angestrebt wie in den Vereinigten Staaten von Amerika, folgt daraus, daß sich die Abgeordneten *dem ganzen* Volk verpflichtet fühlen müssen und nicht nur dem Wahlvolk ihres Heimatbezirks. Denn sonst kann das »unum« nicht zustandekommen, das, was über die Summe der Bürger hinausgehen soll. Die meisten Senatoren und Abgeordneten des US-Kongresses verstehen sich aber nicht so, sondern nur als Beauftragte ihrer Wahlbezirke. Das ist ein gefährliches Mißverständnis, das kurzfristig zur Politikmüdigkeit und langfristig zum Zerfall führen kann, in jedem Fall aber dem Parochialismus und dem Wirtschaftsprotektionismus den Boden bereitet.[27]

9. Das »deutsche Mißverständnis«

Das deutsche Mißverständnis der Demokratie ist, historisch gesehen, sicher das verhängnisvollste von allen. In der Sache ist es eine Steigerung des attischen und des bolivianischen: 1933 glaubten die meisten Deutschen, es gehöre zur demokratischen Freiheit, auch einen Diktator wählen zu können. Die Deutschen haben damals ihre politische Freiheit zur Einführung der politischen Unfreiheit benutzt. Sie gaben Adolf Hitler, der diktatorisch zu regieren versprochen hatte, in demokratischer Wahl so viele Stimmen, daß er mit Gewalt und taktischen Wahlbündnissen die absolute Mehrheit erreichte (am 5.3.1933). Das hatte schlimme Folgen, nicht nur für die Deutschen. So hoch die Wogen im politischen Meinungsaustausch gehen mögen, so sehr Grund zu sozialer, wirtschaftlicher oder nationaler Unzufriedenheit bestehen mag, eins darf man nie aus dem Auge verlieren: das System, die freiheitliche Verfassung. Sie muß unaufhebbar sein, wie jene mehrfach erwähnten Minderheitspositionen. Sonst nützt die sozialste, friedlichste Ordnung nichts. Denn den Diktator hat man nicht mehr im Griff. Man kann ihn nicht mehr zwingen, die Treue einzulösen, die er in der korporativen Demokratie schuldet, auch wenn er sie einzuhalten versprochen hat.

10. Kein Mißverständnis, sondern ein Mißbrauch

Marxisten folgen gesetzten, nicht gefragten Werten. Die allem angeblich innewohnenden »Gebrauchswerte« werden von den Spitzenkadern bestimmt und ihre Befolgung diktiert und erzwungen. Den Dialog über Werte, den Meinungs- und den Wirtschaftsmarkt, und damit die Demokratie, lehnen Marxisten ab. Um nun ihre Diktatur zu tarnen und auf das beliebte Wort »Demokratie« nicht verzichten zu müssen, erfanden sie das Wort »Volksdemokratie«.[28] Das ist kein Mißverständnis, sondern ein Mißbrauch des Begriffes Demokratie.

Das Subsidiaritätsprinzip

Eine Demokratie kann ein einheitliches, in sich nicht weiter strukturiertes Gemeinwesen umfassen. Beispiele zu finden fällt schwer. Andorra und San Marino wären vielleicht zu nennen. Die allermeisten größeren Demokratien weisen untergliederte Strukturen auf. Für Deutschland sind es die Gemeinden, Landkreise, Regierungsbezirke, Länder, der Bund, und – supranational die EG. Da auf jeder Ebene eine demokratische Ordnung besteht, stellt sich die Frage nach dem Vorrang des gesetzten, angewandten und gesprochenen Rechts. Gilt das jeweils höhere vor dem niedrigeren oder umgekehrt?

Die Antwort folgt aus dem Wesen der Demokratie. Sie ist

eine Regierung, in der sich die Regierten selbst regieren, also eine politische Ordnung »von unten«, eine, die an der Basis anknüpft. Damit ist die Frage der Gliederung des Aufbaus und der Organisation des gesellschaftlichen und staatlichen Lebens im Grundsatz entschieden: Zuständig ist im Zweifel die kleinere Einheit. Die größeren Einheiten haben Zuständigkeiten im Rahmen einer Positivliste ihrer Befugnisse. Soweit sie danach nicht selbst zuständig sind, haben die größeren Einheiten die Entscheidungen der kleineren zu beachten und zu befolgen. Das Recht der kleineren Einheit gegen die größeren bedarf gerichtlichen Schutzes. Dieser Grundsatz des Vorrangs der jeweils zur Entscheidung einer Sachfrage geeigneten kleinsten Einheit heißt Subsidiaritätsprinzip. Es wurde vor allem von der römisch-katholischen Soziallehre entwickelt, fand aber darüber hinaus allgemeine Anerkennung.[29] So ist nach Art. 28 Grundgesetz die Bundesrepublik Deutschland so organisiert, daß die Gemeinden in ihrem Bereich eigenständige Träger öffentlicher Verwaltung sind. Weiter ist nach Art. 30, 70 und 83 Grundgesetz der Bund zur Gesetzgebung nur zuständig, soweit es das Grundgesetz bestimmt. Im übrigen sind die Länder zuständig.

Eine Folgerung des Subsidiaritätsprinzips betrifft die Beweislast: Soweit keine Zuständigkeit einer höheren Einheit nachgewiesen wird, ist immer die nächst niedrigere Einheit zuständig.

Die Mehrheit

Mehrheit, Dialog und Kompromiß

Tacitus berichtet von den Germanen, sie stimmten mehrheitlich ab.[30] Aber die Stimmen würden nicht gezählt, sondern »gewogen«. »Wiegen« bedeutete, daß beide Seiten Lärm machten. Wer den größeren Lärm erzeugte, hatte gewonnen. Verwunderlich ist dabei nicht das »Wiegen«, sondern das Mehrheitsprinzip in einer frühen Stammeskultur.[31] Wer mehr lärmen kann, ist meist auch zahlreicher und stärker. Darum war das »Wiegen« in einer schriftlosen Kultur bei aller Rauhheit nicht unvernünftig.

Aber warum soll recht haben, wer den größeren Lärm erzeugt? Noch Richard Hooker meint in seinen Überlegungen zur englischen Staatsform im Jahr 1592, es spreche wenig dafür, daß 51 % Recht und 49 % Unrecht haben sollten.[32] Das Mehrheitsprinzip beruht auf vier Umständen.

Der crste ist philosophischer Natur. Die Demokratie geht davon aus, daß niemand die Wahrheit und Gerechtigkeit genau kennt, die man zum Regieren einer Gruppe von Menschen braucht, daß sich aber jeder darum bemühen kann und auch soll. Keiner kann sagen, er sei näher an Wahrheit und Gerechtigkeit als ein anderer (etwa weil er eine längere Ausbildung hatte, über einen höheren Intelligenzquotienten verfügt oder ein Spezialist ist).

Nach vielen Diskussionen im US-Kongreß über ein kontroverses Thema sagte ein zorniger Abgeordneter schließlich, man solle doch endlich die Experten fragen. Präsident Ronald Reagan meinte dazu: »Die Experten sind das Volk.«[33] Ein deutscher Emigrant beschwerte sich einmal in den USA über abwegige Theorien, die auf einer Versammlung vorgetragen wurden. Ein Amerikaner wies ihn zurecht: »In diesem Land hat jeder ein verfassungsmäßiges Recht, aus sich selbst einen Narren zu machen.«[34] Da also niemand näher dran ist an Wahrheit und Gerechtigkeit und da doch entschieden werden muß, bedarf es der Abstimmung, wobei jede Stimme gleiches Gewicht hat. Philosophisch steht also die Demokratie am nächsten den Lehren des »mittleren« Plato, wonach Menschen die Ideen der Wahrheit, Gerechtigkeit usw. zwar nicht direkt erkennen können, sondern nur ungenau, man sich aber im Dialog diesen Ideen ein Stück weit nähern kann.[35]

Man kann das, ohne Berufung auf »höhere« Philosophie, auch so ausdrücken: In der korporativen, d. h. modernen westlichen Demokratie gilt das Mehrheitsprinzip, weil die Menschen in ihrer Körperschaft, die sie demokratisch regieren wollen, *frei* und *gleich* sind. Sie sind *frei von* staatlicher und gesellschaftlicher Bevormundung, weil die Demokratie die Ausübung politischer Befugnisse »von unten herauf« organisiert, und *frei zu* persönlicher und wirtschaftlicher Entfaltung und Versorgung; und in der Ausübung dieser Freiheit *von* und Freiheit *zu* sind sie *gleich*. Das läßt sich nur verwirklichen, wenn Mehrheiten bloß auf Zeit gebildet werden und die Minderheiten zu Mehrheiten werden können. Sonst würden die ausgeübten Freiheiten der einen zu nicht behebbaren Beschneidungen der Freiheiten anderer führen, und damit der Gleichheitsgrundsatz verletzt. Aus den Prinzipien der Freiheit und der Gleichheit lassen sich also beides, Rechtfertigung und Begrenzung des Mehrheitsprinzips, ableiten. Hierin finden das Mehrheitsprinzip und seine Schranken ihre Legitimität.

Diese »säkulare« Begründung des Mehrheitsprinzips und seiner Begrenzung durch den Minderheitsschutz klingt ein wenig vordergründig und formal. Die »Freiheit von« wird vor allem gewährt, um persönliche Meinungsbildung zu ermöglichen, und die »Freiheit zu« ist in erster Linie betätigte persönliche Meinungsbildung. Die Gleichheit, in der beides gewährt wird, gründet sich auf ein bestimmtes Menschenbild, nach dem alle Bürger jener Gemeinschaft bei ihrer persönlichen Meinungsbildung gleich weise und gleich unweise sind. So gesehen steht man dann wieder vor philosophischen Prämissen, die kulturspezifisch sind (näher dazu unter Kapitel 4).

Bejaht man aber diese Prämissen, bedarf es des Austausches persönlicher Meinungen, also des *Dialogs* als eines Austausches von Meinungen *über etwas*. Dies »etwas« ist wieder *mehr* als die bloße Summe der vortragbaren Meinungsäußerungen. Auch der Dialog ist also ein Kulturspezifikum.

Dieser *Dialog*, zunächst allgemein, sodann im besonderen zwischen Regierungspartei und Opposition im Parlament, ist der zweite Umstand, auf dem das Mehrheitsprinzip aufbaut.[36]

Der dritte Umstand ist der *Zeitfaktor*. Die Mehrheit muß sich von Zeit zu Zeit der Wahl stellen. Die Wähler können ihre Unzufriedenheit zum Ausdruck bringen, indem sie der bisherigen Opposition ihre Stimme geben. Der Wahlkampf – ein irreführendes Wort, Wahlwettbewerb wäre zutreffender[37] – dient dazu, bessere Vorschläge zu unterbreiten.

Der vierte Umstand, auf dem das Mehrheitsprinzip aufbaut, ist der *Kompromiß*. Es gibt viele Probleme, und zu jedem viele Meinungen. Niemand wird eine politische Partei finden, die zu allen Problemen alle seine Meinungen vertritt. Also muß der Wähler mit sich selbst einen Kompromiß machen, bevor er einer Partei seine Stimme gibt. Auch später, nach der Wahl, verlangt die praktische Politik und die Rücksichtnahme auf die Minderheitsparteien, denen die Mehrheitsparteien den Wahlsieg bei der nächsten Wahl nicht ohne weiteres gönnen, sich auf Kompromisse einzulassen. Die Bereitschaft zum Kompromiß ist auch eine Erziehungsfrage. Eltern, Kirchen und die Presse haben hier besondere Aufgaben, die allzuoft leider nicht wahrgenommen werden.[38]

Dabei ist der Kompromiß auch nur ein Produkt jener Philosophie, die dem Mehrheitsprinzip zugrunde liegt und die sagt, daß niemand die vollgültige Erkenntnis der Wahrheit und Gerechtigkeit für sich in Anspruch nehmen kann. Sicher wird von einer Partei, die mit einem Programm in die Wahl gegangen ist, eine gewisse Standhaftigkeit erwartet. Das schuldet sie ihren

Wählern. Aber jeder sollte wissen, und die Folgerung aus diesem Wissen ziehen, daß man sich niemals voll durchsetzen kann, und daß deshalb Kompromisse als Bestandteil des demokratischen Mehrheitssystems erforderlich und eine gute Sache sind. *Faul* wäre nur der Kompromiß, bei dem der politische Dialog unsachlich früh abgebrochen würde.

Dies »Lob des Kompromisse« soll aber nicht so verstanden werden, als käme es in der Demokratie *nur* auf Kompromisse an. In umstrittenen Fragen müssen auch weiterführende Entscheidungen gefunden werden können, nicht nur Mittelpositionen zwischen vorher bekannten Standpunkten. Dies wiederum beruht auf dem Faktor Zeit. Da aber beide Seiten häufig für sich in Anspruch nehmen, die bessere weiterführende Lösung zu vertreten, beruht der notwendige Schritt in die Zukunft seinerseits meist auf einem notwendigen Kompromiß.

Ist in der Demokratie der Kompromiß etwas Positives, sind es auch die ihm vorangehenden Überlegungen. Sie mit »Streit«, »Hickhack«, »Parteiengezänk« oder dergleichen zu bezeichnen verfehlt den Sinn der Demokratie. Statt »Streit« sollten die Medien von »Überlegung«, »Diskussion« und »Kontroverse«, statt »Hickhack« und »Gezänk« von »Dialog« und »Auseinandersetzung« und statt von »Umfallen« von »Lösung«, »Ergebnis« und »Kompromiß« sprechen. Die deutschen Medien leben zwar von der Demokratie, gedanklich und wirtschaftlich. Sie tragen aber durch ihre Ausdrucksweise nahezu nichts zu ihr bei, sondern schaden ihr laufend.

Parteien, Wahlen, Vorauswahlen

Keine der drei Hauptformen der Demokratie braucht Parteien, um zu bestehen und arbeitsfähig zu sein. Es genügt, wenn die Regierten einzeln oder in Gruppen an der Selbstregierung mitwirken, direkt oder repräsentiert. Aber in der Praxis bilden sich oft mehr oder weniger festgeformte, kurz- oder langlebige Parteien als Bündelung von Meinungen. In der Konsensdemokratie führt dauerhafte Parteibildung konsequenterweise häufig zur Spaltung des Stammes, des Dorfes usw.[39] In der dualen Demokratie ist ein Zweiparteiensystem Mit- oder Hauptträger der Stammesregierung.[40] In der korporativen Demokratie gibt es Beispiele der Parteilosigkeit (die USA nach ihrer Gründung 1789), des Zweiparteiensystems (USA heute, angenähert auch in Großbritannien, zeitweise angenähert in der Bundesrepublik Deutschland 1953–1969) und des Mehrparteiensystems (Deutschland heute, Frankreich, Niederlande, Italien usw.). Man sagt, Zweiparteiensysteme seien ein Zeichen demokratischer Reife der Bevölkerung, denn der Bürger bilde den notwendigen Kompromiß selbst vor der Wahl, statt ihn den Parteien nach der Wahl zu überlassen. Wie schon bemerkt, tun die großen Parteien gut daran, dem mit der Bildung und Pflege traditioneller »Flügel« entgegenzukommen.

Der Grund dafür, daß sich Parteien bilden, liegt in der empfundenen Notwendigkeit, dem Wähler längerfristig vorbereitete Vorschläge für die Gestaltung der künftigen Politik zu unterbreiten. Das bedarf beruflichen Einsatzes, gesammelter Erfahrungen und gesicherter Finanzen.[41] Selbstverständlich muß allen demokratischen Parteien die Möglichkeit der Neubildung, Umbildung, des Zusammengehens mit anderen Parteien, der Fusion und der Auflösung offenstehen. Vernachlässigen die großen »Volksparteien« – für gewöhnlich zwei, die eine eher fortschrittlich, die andere überwiegend konservativ[42] – bestimmte Themen, bilden sich sogleich kleine Neulingsparteien, oft als »Ein-Problem-Parteien« (one-issue-parties), die dann manchmal ebenso schnell wieder in Bedeutungslosigkeit versinken.[43] In den Kommunen und auf Landesebene, also in den »kleineren Verhältnissen«, laufen nicht selten »freie Wählergruppen«, »Bürgerinitiativen« und dgl. den bekannten Parteien den Rang ab. Das sind Vereinigungen von Bürgern, die im lokalen Umkreis politisch tätig sein und bestimmte Ziele verfolgen wollen. Es handelt sich um eine gesunde demokratische Variante, verbunden mit Kritik an den großen Parteien, die sich nicht genug »um die Basis« gekümmert haben.

Wer dem Wahlvolk als Kandidat für einen Abgeordnetensitz oder Regierungsposten vorgeschlagen wird, bestimmen die Parteien. Hier gibt es sehr verschiedene Modelle, von geheimer, parteiinterner Kandidatenbestimmung über halboffene Delegiertenwahlen bis zum US-amerikanischen Modell der dem Wähler selbst überlassenen Vorauswahl (primary). Ist die Vorauswahl eine sog. geschlossene (closed primary), dürfen nur Angehörige der eigenen Partei mitstimmen. Ist sie offen (open primary), kann jeder Bürger eines bestimmten Distrikts sich an der Aufstellung von Parteikandidaten beteiligen. Die offenen Vorauswahlen tragen die Gefahr in sich, daß sich Parteigegner unter die Wähler mischen, um für einen schwachen Kandidaten zu stimmen. Daher sind die Vorauswahlen in der Regel auf Parteimitglieder beschränkt. In Deutschland nennt man diese Art von Vorauswahlen gelegentlich auch »Urwahlen«. In Zeiten einer Parteikrise sollte man von ihnen Gebrauch machen.

Äußerlich wirken solche Vorauswahlen oft etwas jahrmarktmäßig. Auch sind manche Wähler verwirrt, weil die Wettbewerber in den Vorauswahlen zwar zur gleichen Partei gehören, inhaltlich aber oft sehr abweichende Meinungen vertreten. Die Vorteile der (geschlossenen) Vorauswahlen überwiegen aber. Sie zwingen die Kandidaten einer Partei, sich zur ganzen Bandbreite der anstehenden politischen Probleme zu äußern. »One-issue«-Leute haben keine Chance. Das begünstigt das Zweiparteiensystem mit traditionellen Flügeln. Darüber hinaus wissen alle Wähler nach durchgeführten Vorauswahlen in den beiden großen Parteien, welches die Sachaussagen der Parteien für die künftige Politik sind, gleichgültig, wer die Wahl gewinnt. Wer aufmerksam die Primaries verfolgt, kann die Politik der USA in den nächsten vier Jahren auf allen wesentlichen Gebieten ziemlich genau vorhersagen.[44] Im Kompromißdenken ausgedrückt: Vorauswahlen lassen erkennen, welche Kompromisse anstehen, und welche aller Wahrscheinlichkeit nach leichter und welche schwerer geschlossen werden.

Tagesordnungen

Das Beschließen von Dingen gehört zu unserer Kultur. Nicht in allen Kulturen geht es darum, gestaltend und verändernd in die Welt einzugreifen. Für Weltüberwindung durch Abschied von der Welt treten Hinduismus und die meisten buddhistischen Glaubensrichtungen ein. Umgekehrt sind die griechisch-jüdisch-christlichen und die islamischen Kulturen der Welt zugewandt und bejahen das handelnde Umgehen mit Personen und Dingen. In Europa, Mittel- und Vorderasien wird also, wie die Griechen der Antike es ausdrückten, »Politik« gemacht,[45] um das Leben zu bestehen. Wenn es nun nicht der Diktator oder das oligarchische Politbüro sein sollen, die im stillen Kämmerlein beschließen, sondern die Bürger eines bestimmten Gebiets, einer geselligen oder wirtschaftlichen Vereinigung, eines Berufsstandes usw., dann bedarf es beratender und beschließender Versammlungen. Das deutsche Wort »Rathaus« sagt viel besser als »city hall«, »hôtel de ville«, »stadhuis« oder »ayuntamiento«, worum es geht. Nicht ohne Grund verwenden die Slaven das Wort »Rathaus« als Lehnwort (russisch *ratuscha*, polnisch *ratusz*). Solche beschlußfassenden Versammlungen bilden notwendig Mehrheiten und Minderheiten. Das ist das Thema dieses und des nächsten Kapitels.

Zur Beschlußfassung braucht man zwei Arten von Ordnungen. Die erste regelt den Ablauf einer *konkreten* Versammlung und heißt *Tagesordnung*. Die zweite stellt die Spielregeln auf, nach denen eine derartige Versammlung *überhaupt* solche Beratungen und Beschlußfassungen veranstaltet. Denn man kann nicht einmal so und das nächste Mal anders verfahren. Sonst wächst der Verdacht der Manipulation. Die zweite Ordnung wird *Geschäftsordnung* genannt. Sie wird im folgenden Abschnitt besprochen.

Tages- und Geschäftsordnung sind wichtige, unentbehrliche Instrumente einer jeden Demokratie. Diktatorisch gesinnte Menschen, wie Nationalsozialisten und viele der revoltierenden Studenten von 1968, tun Tages- und Geschäftsordnungen als »Formalkram« ab. Wann immer in einer Versammlung das Argument von »Formalkram« oder von »System« kommt, ist die Demokratie in Gefahr und Vorsicht geboten.[46]

Die Tagesordnung will ankündigen, was beraten und beschlossen werden soll. In Eilfällen muß sie am Beginn der Sitzung aufgestellt oder ergänzt (s. u. 4) werden, dann aber spätestens. In aller Regel wird sie vorher versandt, oft aufgrund festgelegter Frist zwischen Versendung und Sitzung, um Überraschungseffekte bei den Sitzungsteilnehmern zu vermeiden. Die Bürger sollen sich auf die Tagesordnungspunkte vorbereiten und ihre Meinung dazu bilden können. Niemand soll durch plötzlich aufgeworfene Themen überfahren werden.

Oft liegt der Ladung zur Sitzung nicht nur die Tagesordnung, sondern auch das Protokoll der letztvorigen Sitzung bei. Dadurch wird eine Kontrolle des Beratenen und Beschlossenen und die Kontinuität der Willensbildung in dem betreffenden Gremium ermöglicht. Hier folgt, wie eine Tagesordnung aussehen könnte. Natürlich bedürfen besondere Gremien besonders gestalteter Tagesordnungen, wie z. B. die Hauptversammlung einer AG. Aber das folgende Schema kann als Anregung nützlich sein, ob es sich nun um eine Stadtverordnetenversammlung, einen Elternbeirat, einen Betriebsrat oder eine Feuerwehrversammlung handelt.

1. Der Vorsitzende begrüßt die Anwesenden und stellt die Beschlußfähigkeit fest. Damit nicht einige wenige Anwesende über eine abwesende, nicht zur Sitzung erschienene Mehrheit bestimmen können, sehen die meisten Geschäftsordnungen ein sog. Quorum vor, d. h. eine Mindestprozentzahl von Mitgliedern, die anwesend sein muß, damit überhaupt etwas *beschlossen* werden kann. *Beraten* werden kann immer. Die Versammlung bleibt beschlußfähig, bis die Beschlußunfähigkeit *gerügt* wird. Wer also zu früh nach Hause geht, riskiert, daß über ihn beschlossen wird, obwohl das Quorum unterschritten wird. Die Geschäftsordnung kann dies anders regeln.
2. Es wird ein Protokollführer bestimmt. Er führt in der Re-

gel nur ein sog. *Beschlußprotokoll*, aus dem nur der wesentliche Inhalt der Beratungen und die Beschlüsse erkennbar sind. Der Vorsitzende ist für die Richtigkeit des Protokolls verantwortlich und muß es unterschreiben. Parlamente und andere technisch umfassend ausgerüstete Gremien führen *Wortprotokolle*.

3. Der Vorsitzende stellt die rechtzeitige Ladung und die Zusendung der Tagesordnung fest. War jemand nicht rechtzeitig verständigt, muß er dies jetzt sagen.
4. Der Vorsitzende fragt, ob alle mit der heutigen Tagesordnung einverstanden sind. Manchmal möchte er einen inzwischen aufgetauchten dringenden Punkt »nachschieben«. Auch Mitglieder der Versammlung können diesen Wunsch haben. Erhebt sich Widerspruch, muß abgestimmt werden. Die Geschäftsordnung kann ein »Nachschieben« verbieten, von einer qualifizierten Mehrheit abhängig machen (z. B. 3/4-Mehrheit), oder bestimmte Punkte (z. B. Personalfragen) vom »Nachschieben« ausnehmen.
5. Steht die Tagesordnung fest, fragt der Vorsitzende, ob das Protokoll über die letzte Sitzung genehmigt wird. Irrtümer, Mißverständnisse können jetzt ausgeräumt und Lükken behoben werden.
6. Nun folgt meist der Punkt »Mitteilungen des Vorsitzenden«. Er berichtet alles Wissenswerte, was sich seit der letzten Sitzung ereignet hat. Dem schließen sich häufig ähnliche Berichte der Vorsitzenden der Ausschüsse an, die früher von der Versammlung zur Bearbeitung von bestimmten Teilproblemen eingesetzt worden sind (über den Finanzausschußbericht der Kassenwart, über den Kontrollausschuß der Revisor usw.).
7. Falls nicht ein fester Sitzungskalender besteht, sollte jetzt – noch am Beginn der Sitzung, damit es so viele wie möglich erreicht – der Termin der nächsten Sitzung festgelegt werden.
8. In vielen Gremien hat es sich eingebürgert, als ersten

Hauptpunkt oder als Gruppe von Hauptpunkten die Personalfragen zu erörtern und zu entscheiden. Persönliches wird zu Recht meist als wichtiger empfunden als Sachgegenständliches.

9. Dann folgen die Sachfragen, z. B. ob ein neuer Vereinssaal gemietet, ob die Beiträge erhöht, ob neues Material gekauft werden soll. Kluge Vorsitzende legen die Punkte, bei denen es um viel Geld geht, eher ans Ende der Sitzung. Über Geld wird beharrlich gestritten. Findet sich ein solcher Tagesordnungspunkt am Beginn der Sitzung, dann kann es vorkommen, daß sich die Debatte »festbeißt« und die Tagesordnung nicht bewältigt wird.[47]
10. Es ist sinnvoll, noch einen Punkt »Erörterungen ohne Beschlußfassung« folgen zu lassen. Oft gibt es Dinge, über die die Mitglieder sich aussprechen wollen, ohne daß – zumindest heute – beschlossen werden muß. Es darf dann auch nicht beschlossen werden. Wird ein Beschluß unabweisbar, muß er auf die Tagesordnung der nächsten Sitzung gesetzt werden. Denn immer gilt in der Versammlung das Gebot der Fairness: Die Mitglieder müssen die Risiken kennen, die auf sie zukommen können. Über die angekündigten Risiken hinaus darf niemand belastet werden.
11. In der Schweiz ist es weithin üblich, als letzten Punkt einer Tagesordnung »Anträge für die nächste Sitzung« anzubieten. Das ist vernünftig, weil dann jeder schon einmal über den Antrag nachdenken kann. Man kann das durch einen Beschluß ergänzen, bis wann weitere Anträge nachgereicht werden können, damit sie auf der nächsten Sitzung behandelt werden können. Auch die Geschäftsordnung kann dies regeln.

Eine Sitzung ist so zu leiten, daß jeder mit dem Gefühl nach Hause geht, zwar nicht in allen Punkten recht bekommen zu haben, wohl aber ausreichend angehört worden zu sein. Das ist eine große Kunst. Wenn zudem die Sitzung straff geführt wird und zeitlich nicht ausufert, muß man dem Vorsitzenden doppelt dankbar sein. Ausreichende Gelegenheit zur Aussprache bei gleichzeitiger Straffung lassen sich ermöglichen, wenn der Vorsitzende die Alternativen, die zu entscheiden sind, klar herausstellt. Das erfordert eine gründliche Vorbereitung der Sitzung. Es bewährt sich, wenn der Vorsitzende Mitglieder rechtzeitig darauf hinweist, auf einen bestimmten Tagesordnungspunkt vorbereitet zu sein, damit nicht unnötig lange und sachfremd debattiert wird. Aber der Vorsitzende sollte es unterlassen, »im kleinen Kreis« Vorentscheidungen zu treffen. Auch die Mitglieder sollten vor der Sitzung nicht »koalieren«. Eine gute Sitzung ist die, in die man unabgesprochen geht, um sich seine Meinung aufgrund der Debatte in der Sitzung zu bilden. Aber das verlangt auch, daß die Tagesordnung und der Sitzungsablauf durch den Vorsitzenden gut geplant wurden.

Geschäftsordnungen

Geschäftsordnungen sind die Spielregeln des demokratischen Dialogs.[48] Sie sind von nicht zu unterschätzender Bedeutung für das Vertrauen der Bürger in die demokratische Staatsform. In der Sache geht es vor allem anderen um den Schutz einzelner und von Minderheiten. Die Mehrheit findet ihren Weg zum Beschluß von selbst. Sie ist an der Einhaltung der Geschäftsordnung nicht so sehr interessiert, weil sie nicht darauf angewiesen ist. Die Andersdenkenden sind es, die an der Geschäftsordnung und ihrer genauen Einhaltung wesentlich interessiert sind. Sonst kann Demokratie nicht funktionieren.

Es können hier nur Beispiele für den Inhalt von Geschäftsordnungen gegeben werden. Die Geschäftsordnung legt das Quorum fest, d. h., wie viele anwesend sein müssen, damit Beschlüsse gefaßt werden können. Sie enthält Bestimmungen über die Sitzungsleitung, die Aufstellung der Tagesordnungen und der Rednerliste, die Führung des Protokolls, die Wahrnehmung des Antrags- und des Rederechts, die Auszählung der Stimmen, die Fälle offener und geheimer Abstimmungen, die Bildung von Ausschüssen, Disziplinarregeln usw.

Ein leidiger Punkt sind die *Enthaltungen*. Im wesentlichen gibt es drei Möglichkeiten: Entweder gilt, daß Enthaltungen »als nein zählen«. Oder es gelten Versammlungsteilnehmer, die sich ihrer Stimme enthalten, »als nicht anwesend«. Die gleiche Regel ist anzunehmen, wenn Enthaltungen nicht vorgesehen sind und sich trotzdem jemand der Stimme enthält. Die dritte, »natürlichste« Variante ist, die Enthaltung weder den »Ja«- noch den »Nein«-Stimmen zuzurechnen und die Sich-Enthaltenden als anwesend zu betrachten. Das kommt dem Sachverhalt einer Enthaltung am nächsten. Die Unterschiede im Ergebnis sind frappant. Angenommen, in einer Versammlung eines Vereins mit 20 – erschienenen – Mitgliedern sind 3 dafür, 2 dagegen und 15 enthalten sich. Das Quorum ist gegeben, wenn mindestens die Hälfte aller Vereinsmitglieder anwesend ist. Dann sind nach Lösung (1) alle zwanzig anwesend, und der Antrag ist mit 17 : 3 Stimmen abgelehnt. Bei Lösung (2) gelten die 15 Enthalter als »abwesend«, und da die 5 »Anwesenden« das Quorum nicht erfüllen, ist der Beschluß wegen Beschlußunfähigkeit nicht zustandegekommen. Lösung (3) führt zur Annahme im Stimmenverhältnis 3 : 2, bei 20 Anwesenden, so daß Beschlußfähigkeit besteht. Die Geschäftsordnung muß daher Enthaltungen genau regeln. Sie kann z. B. vorsehen, daß in Personalfragen (die immer heikel sind) Lösung (1) und im übrigen Lösung (3) gilt. Lösung (2) und ihr Unterfall, das Enthaltungsverbot, kann in bestimmten Personalfragen sinnvoll sein, bereitet aber häufig Schwierigkeiten. Auch politische Wahlen folgen im allgemeinen Lösung (3).

Größere Gremien sollten über einen Geschäftsordnungsausschuß verfügen, dem erfahrene Mitglieder angehören. Er berät den Vorsitzenden in schwierigen Entscheidungen (z. B. Disziplinarprobleme), beobachtet die Wirkungsweise der Geschäftsordnung und macht gegebenenfalls Vorschläge zu ihrer Verbesserung.

Im US-amerikanischen Bürgerkrieg 1861–1864 wurden in den Nordstaaten hitzige Debatten um Ziele, Sinn und Führung dieses Krieges geführt. Ein Offizier mit Namen Henry Martyn

Robert, der wegen eines Tropenfiebers zum Heimatdienst eingeteilt worden war, wurde damit beauftragt, eine solche Versammlung zu leiten, eine Aufgabe, der er sich mit Bangen unterzog. Nach mehreren solcher Erfahrungen entschloß sich Mr. Roberts, »parliamentary law« näher zu studieren und Geschäftsordnungen zu sammeln. Sein Ziel war, in übersichtlicher und allgemein brauchbarer Form Regeln aufzustellen, wie eine Versammlung friedlich, ohne nutzlose Geschäftsordnungsdebatten und mit greifbaren Ergebnissen durchgeführt werden könne. In den dienstfreien Stunden verfaßte Henry M. Robert ein Manuskript über Tages- und Geschäftsordnungen, das 1876 zunächst im Eigenverlag erschien, weil Robert keinen Verleger fand. Schnell wurde die Schrift berühmt – die erste Auflage war in vier Monaten verkauft – und ist es seitdem geblieben. Heute zählen »Robert's Rules of Order« in hoher Auflage (3,4 Mill. verkaufte Exemplare bis zum Jahr 1981) zum eisernen Bestand der amerikanischen Demokratie. »Robert's Rules« werden in den Grundschulen gelehrt und geübt.[49] Inzwischen ist das Buch durch ständige Einarbeitungen auch der entlegensten Geschäftsordnungsprobleme dickleibig und schwer lesbar geworden. Eine »Volksausgabe« und ihre Übersetzung in andere Sprachen wären von Vorteil.

Die Minderheit

Minderheit und Minderheiten

Eine Demokratie erweist sich nicht darin als stark, daß möglichst viele eines Sinnes sind, sondern darin, wie sie die Meinungen Andersdenkender achtet. In dieser Achtung der Meinungen derer, die anders denken als die Mehrheit, liegt: daß sie sich überhaupt äußern können; daß sie ernst genommen und als mögliche Mehrheit von morgen um des gesamten Gemeinwesens willen beachtet werden; daß ihre Meinungen als Beitrag zu einem Dialog zu verstehen sind, ein Dialog, der nötig ist, um der sachgerechten Lösung einer Frage möglichst nahezukommen; und schließlich, daß auch *Gruppen* Andersdenkender, religiöse, sprachliche, ethnische, lebensartmäßige, in das Gemeinwesen als Opposition einbezogen und nicht ausgegrenzt werden. Das ist nicht leicht für die Mehrheit, die dem »mainstream« folgt, aber es darf ihr abverlangt werden, weil auch sie nicht das Ganze *ist*, sondern nur das Ganze *vertritt*, und das auf Zeit.

Also braucht die *Minderheit als solche* verfassungsmäßigen und davon abgeleitet gesetzlichen und geschäftsordnungsmäßigen Schutz. Dieser Schutz muß sicherstellen, daß die Minderheit durch Überzeugungsarbeit unter den Wählern zur Mehrheit werden kann. Wie das im einzelnen geschieht, hängt vom Wahlsystem, von Traditionen, von der politischen Anteilnahme der Bürger am Regierungsgeschehen und von anderem ab.

Die Wahlsysteme[50]

Es gibt zwei Hauptwahlsysteme und viele Kombinationsmöglichkeiten. Im reinen *Verhältniswahlsystem* werden nur Parteien gewählt. Jede Bürgerstimme zählt. Alle Parteien, auch diejenigen, die nur wenige Stimmen bekommen haben, sitzen im Parlament. Unter den »Weimarer Verhältnissen« gab es in Deutschland nach 1919 viele Ein-Mann-Fraktionen im Reichstag und Fraktionen (= Parteivertretungen im Parlament), die nur über sehr wenige Abgeordnete verfügten. Deutschland wurde unregierbar, und Hitler übernahm die Macht, weil die NSDAP *relativ* stärkste Partei wurde (44 % am 5. 3. 1933). Im Verhältniswahlsystem kommen Minderheiten nur über Koalitionen an die Mehrheit, und diese gelingen oft nicht oder sind nur von kurzer Dauer.

Das *Mehrheitswahlsystem* beruht auf einer Einteilung des Wahlgebiets in so viele Wahlbezirke, wie das Parlament Sitze hat. In jedem dieser Wahlbezirke treten die Parteien untereinander an, nicht aber im ganzen Wahlgebiet. Die Folge kann sein, daß sich *eine* Partei in allen Wahlbezirken mit 51 % der Stimmen durchsetzt. Dann besteht das Parlament zu 100 % aus Vertretern dieser Partei. 49 % der Bevölkerung sind im Parlament nicht vertreten. Meist fallen freilich einige Wahlbezirke an die zweitstärkste Partei. Dann sind im Parlament zwei Parteien vertreten. Dies ist die Regel für Großbritannien.[51]

Um die Nachteile beider Wahlsysteme zu mildern, kann man beide Prinzipien mischen. So gilt beispielsweise in Deutschland, daß die Sitze im Bundestag zwar allein nach dem Verhältniswahlprinzip vergeben werden, aber die Auswahl der Personen, welche die errungene Mandatszahl besetzen, zur Hälfte in Ein-Mann-Wahlkreisen, also ähnlich dem britischen Mehrheitswahlprinzip, erfolgt. Das erleichtert den Wechsel von Mehrheit zur Minderheit (als neuer Mehrheit), ohne zur Zersplitterung (wie in »Weimar«) oder zu starken Pendelausschlägen durch Nichtvertretung im Parlament (wie in Großbritannien) zu führen. Zusätzlich ist im deutschen Wahlrecht eine

5%-Klausel vorgesehen. Wer nicht bundesweit wenigstens 5% der Stimmen im oben geschilderten Mischsystem aufbringt, ist im Parlament nicht vertreten. Das soll ebenfalls einer Zersplitterung vorbeugen, die zur Unregierbarkeit führen kann.[52]

Die Grundrechte

1. Wesen

Zu Recht heißt die freiheitliche Demokratie, zur Unterscheidung von der sozialistischen Volksdemokratie, Grundrechtsdemokratie.[53] Es handelt sich um diejenige Demokratie, in der auch die einzelnen Bürger Rechte gegen den Staat haben. Sie brauchen diese gegen den Staat durchsetzbaren Rechte, weil der Staat, gelenkt von der jeweiligen Mehrheit, das Gewaltmonopol besitzt. Unter dem Gewaltmonopol versteht man, daß nur der Staat befugt ist, Menschen zu zwingen, sich z. B. einem Alkoholtest zu unterwerfen, Steuern zu zahlen, einem Gerichtsvollzieher den Gegenstand herauszugeben, den man einem anderen vertraglich versprochen hat, im Gefängnis zu sitzen, eine Geldstrafe zu zahlen, eine Straßenumleitung zu fahren usw. Die menschliche Gesellschaft, die sich zum Staat zusammengeschlossen hat, hat ihn mit dieser Fähigkeit zum Zwang ausgestattet, damit Rechtsfriede herrscht. Länder, in denen dem Staat das Gewaltmonopol verlorengeht, erfahren das Schicksal des Libanon und Jugoslawiens.

In vielen Ländern mußte der »Landfrieden«, der dem Staat allein das Recht zur Gewaltausübung gibt, erst mühsam gegen das »Faustrecht« durchgesetzt werden.[54] Selbstverständlich muß dies staatliche Recht zur Gewaltausübung strengen Kontrollen unterliegen. *Verfahrensregeln* sind notwendig, um den Zwang erst als letztes Mittel einzusetzen. Verfahren sind ein Weg zur vergleichsweise besten Lösung, weil die auf dem Spiele stehenden Interessen und Interessenbewertungen durch Gewährleistung von Artikulationsmöglichkeiten umfassend berücksichtigt werden können.

Das Gewaltmonopol dient vielen Werten, wie die obigen Beispiele zeigen: der Sicherheit des Straßenverkehrs, der Finanzierung der gemeinsamen Aufgaben, der justitiellen Gerechtigkeit usw. Diesen Werten stehen in jenen Verfahren die Werte derer gegenüber, gegen die der Zwang ausgeübt werden kann. Unter *diesen* Werten sind die *grundrecht*lich geschützten die wichtigsten. Auf sie muß der Staat immer Rücksicht nehmen. Sie sind grundsätzlich nicht entziehbar. Sie sind insbesondere »mehrheitsfest«, d. h., auch die Parlamentsmehrheit kann nicht an ihnen rütteln.

2. Entstehung

Vorläufer der Grundrechte sind z. B. die Asylrechte der griechischen Stadtstaaten untereinander, eine in Heiligtümern gewährte Unangreifbarkeit, die römischen Bürgerrechte[55] und die Rechte des Adels und der Städte im späten Mittelalter.[56] Das erste Beispiel der Gewährung des Rechts auf freie Religionsausübung in einem Staatsgründungsvertrag war das dahingehende Versprechen der niederländischen Landstände an Wilhelm von Oranien anläßlich der Dordrechter Versammlung vom Juli 1572. Die Landstände verstanden sich als Gründer einer vom Reich unabhängigen Republik und hatten Wilhelm als »Statthalter«, also als rechenschaftspflichtigen Funktionär gewählt, um einen Anführer im Unabhängigkeitskrieg gegen Spanien zu haben. Wilhelm forderte im Gegenzug von den vorwiegend calvinistischen Landständen freie Religionsausübung und das Recht der Versammlungsfreiheit zugunsten aller Niederländer, namentlich der in den Niederlanden lebenden Katholiken.[57] Die nächsten Stationen auf dem Wege zum modernen Grundrechtsschutz sind Richard Hookers »Laws of Ecclesiastical Polity« von 1592, Edward Cokes Initiative zu einem gegen den englischen König und dessen Privilegienwesen gerichtetes Kartellgesetz (Statute of Monopolies) von 1624; die Petition of Rights von 1628, an der Coke mitwirkte; sein dazu verfaßter Kommentar der Magna Charta von 1215, in dem er die Meinung vertrat, was den Baronen versprochen worden sei, seien die Rechte eines jeden freien Briten; die Habeascorpus-Akte von 1679 und die Bill of Rights von 1689.[58] Schon ausgereifte Zusammenfassungen waren dann die droits des hommes der Französischen Revolution (1791) und die Amendments zur US-amerikanischen Verfassung (1792). Die Grundrechte sind also, wie schon bemerkt, älter als das demokratische Mehrheitsprinzip, und die ältesten Grundrechte sind das der freien Religionsausübung und das Versammlungsrecht.[59]

In England entwickelte sich daraus das Demonstrationsrecht. Demonstrationen in Großbritannien und in den Niederlanden, also in den »Mutterländern« dieser Grundrechte, nehmen häufig einen bestimmten Verlauf: Der Menschenzug bewegt sich durch die Hauptstadt auf das Regierungsviertel zu. Erreicht die Spitze des Demonstrationszuges das Regierungsgebäude, dessen Beamtenschaft für den Übelstand verantwortlich gehalten wird, gegen den die Demonstration stattfindet, tritt ein Beamter aus dem Gebäude und fragt nach dem Grund der Beschwer. Die Demonstrationsleitung überreicht ihm einen schriftlichen Antrag, der Ziel und Gründe der Demonstration enthält. Der Beamte verspricht Befassung mit der Sache, und die Demonstration löst sich auf. Würde man in anderen Ländern diesem Beispiel folgen, käme es oft nicht zu den Unruhen, Übergriffen und Straßenkämpfen, die eine psychologische Folge davon sein können, daß sich an die Demonstration nichts Zielführendes anschließt.[60] Das Demonstrationsrecht ist eines der wertvollsten Grundrechte, von dem – in der geschilderten Weise – öfter als bisher üblich Gebrauch gemacht werden sollte. Es bindet, richtig gehandhabt, den demonstrierenden Bürger in die Verantwortung für das Gemeinwesen ein.

3. Einzelne Grundrechte

Das deutsche Grundgesetz kennt namentlich die folgenden:
- die Verbürgung der Menschenwürde, Art. 1
- die Entfaltungsfreiheit, Art. 2 I

– das Recht auf Leben und körperliche Unversehrtheit, Art. 2 II
– die Gleichberechtigung, Art. 3
– die Glaubens- und Gewissensfreiheit, Art. 4
– die Meinungs-, Wissenschafts-, Forschungs-, Lehr- und Kunstfreiheit, Art. 5
– das Recht auf Schutz der Ehe und Familie, Art. 6
– die Versammlungsfreiheit, Art. 8
– die Vereinigungs- und Koalitionsfreiheit, Art. 9
– das Brief-, Post- und Fernmeldegeheimnis, Art. 10
– die Freizügigkeit, Art. 11
– die Berufsfreiheit, Art. 12
– die Unverletzlichkeit der Wohnung, Art. 13
– Eigentum und Erbrecht, Art. 14
– der Schutz gegen Ausbürgerung und das Asylrecht, Art. 16
– das Petitionsrecht, Art. 17[61]

Diese Grundrechte sind vorwiegend Abwehrrechte gegen den Staat. Doch können sie unter bestimmten Voraussetzungen auch mittelbare privatrechtliche »Drittwirkung« oder auch »Teilhabe«-Funktion entfalten.

4. Wirtschaftsgrundrechte

Politische und wirtschaftliche Freiheit lassen sich nicht trennen.[62] So wie der Bürger politische Grundrechte braucht, um sich gegenüber dem – legitimen – Gewaltmonopol des Staates zu behaupten (statt Faustrecht Grundrecht), so muß ihm der Staat wirtschaftliche Grundrechte geben, damit die wirtschaftliche Freiheit des Bürgers gewahrt bleibt. Es ist hier nicht das Gewaltenmonopol des Staates, das den Grund für die Gewährung der politischen Grundrechte bildet, sondern die Zurverfügungstellung der Privatautonomie an den Bürger durch den Staat. Die Privatautonomie in Recht und Wirtschaft dient dazu, daß die Bürger mit dem Knappheitsgesetz der Wirtschaft (»alle Güter sind knapp«) grundsätzlich in eigener Verantwortung fertig werden müssen. Die Bürger sollen im Dialog, genannt Markt, über ihre Präferenzen entscheiden. Es hat sich nicht bewährt, den Menschen zu diktieren, was sie brauchen und wieviel sie dafür opfern sollen.[63] Entlastet sich nun der Staat von der Verteilung der knappen Güter, indem er den Bürgern die Privatautonomie in Recht und Wirtschaft gibt, so übernimmt der Staat auch zwei Pflichten: Das *Eigentum* muß eingerichtet und als Grundrecht geschützt werden, damit man etwas haben kann, das die Knappheit wenigstens verringert. Weiterhin und entsprechend ist dafür zu sorgen, daß ein *freier Markt* eingerichtet und auf Dauer erhalten wird, damit über Eigentum verfügt und Eigentum erworben werden kann.

Im Rahmen der zweiten Pflicht, der Einrichtung und Aufrechterhaltung eines freien Marktes, schuldet der Staat wiederum zweierlei: Erstens bedarf es der wirtschaftlichen Entfaltungsfreiheit (vgl. Art. 2 I GG), die sich ihrerseits aus zwei zum Ausgleich zu bringenden Bestandteilen zusammensetzt, (a) dem Recht auf freie und lautere wirtschaftliche *Betätigung*, und (b) – als Kehrseite – dem Recht, sich unter freien und lauteren Bedingungen *versorgen* zu können (dies ist der Kern des Verbraucherschutzes). Zweitens schuldet der Staat dem Bürger Schutz vor dem Freiheitsparadox, daß ausgeübte Freiheit dazu tendiert, sich selbst zu beseitigen.[64] Der Staat ist also in der Pflicht, eine freie Marktwirtschaft zu *gründen* und zu *erhalten*. Das ist das Soziale an der sozialen Marktwirtschaft.[65]

Diesen beiden Pflichten entsprechen wirtschaftliche Grund*rechte* der Bürger. Die Verwirklichung dieser wirtschaftlichen Grundrechte im einzelnen ist Aufgabe des Wirtschaftsrechts. Demokratische Grundrechte richten sich gegen den Staat. Aber weil der Staat nur die Rechtsform der sich selbst regieren wollenden Bürger ist, gestalten die Grundrechte notwendig mittelbar, durch an bestimmte Voraussetzungen geknüpfte »Drittwirkung«, die Rechtsverhältnisse zwischen den Bürgern mit. Die Grundrechte formen im politischen Bereich das Gewaltmonopol und dessen Schranken (z. B. im Familienrecht, Art. 6 GG). Ebenso gestalten sie im wirtschaftlichen Bereich die Privatautonomie, was sich in den Rechtsbeziehungen der

Wirtschaftsbürger untereinander auswirkt (z. B. im Recht zum Schutz des freien und lauteren Wettbewerbs). Durch Einrichtung der Wirtschaftsfreiheit und durch den Schutz vor dem (wirtschaftlichen) Freiheitsparadox erzielt der Staat auf Dauer die sozial gerechteste Verteilung der knappen Güter mit Hilfe des von Adam Smith benannten Prinzips der »unsichtbaren Hand« des Marktes.[66] Die »unsichtbare Hand« sorgt durch den Wettbewerb für die günstigste Bedarfsbefriedigung mit knappen Gütern, also für Gemeinnutz durch Eigennutz (Profit). Allerdings muß der Wettbewerb funktionieren, und dafür zu sorgen ist Grundpflicht des Staates, der sich ja der Verteilungsaufgabe entledigt und den Bürger auf die Privatautonomie verwiesen hat.[67]

5. Soziale Grundrechte

Man könnte den gesamten Bereich des Sozialen mit den Wirtschaftsgrundrechten erfassen. Traditionell stellt man aber neben die politischen und wirtschaftlichen Grundrechte die sozialen. Zu ihnen zählt das Recht auf Schutz vor menschenunwürdiger wirtschaftlicher Not.[68] Auch das Recht, Gewerkschaften zu bilden und für bessere Arbeitsbedingungen zu streiken, ist ein soziales Grundrecht (Art. 9 GG). Freilich verletzt menschenunwürdige wirtschaftliche Not auch schon die Versorgungsfreiheit, und die Wiederherstellung des Verhandlungsgleichgewichts zwischen Arbeitgebern und Arbeitnehmern durch Bildung von Gewerkschaften und Gewährung des Streikrechts ist nichts als eine Folgerung aus der Verwendung der Privatautonomie zur Regelung der Bedarfsdeckung mit knappen Gütern (oben 4). Richtig gesehen sind soziale Grundrechte Wirtschaftsgrundrechte.

Unentziehbare Rechte von Minderheiten

1. Die Verantwortung der Mehrheit für alle Minderheiten

Die Minderheit als solche (oben S. 18), die einzelnen besonders schutzwürdigen »Minderheiten« (oben S. 39ff.) und die nun zu betrachtenden ethnischen Volksgruppen und vergleichbare Minderheiten bedürfen des rechtlichen Schutzes. Denn die Mehrheit sorgt für sich selbst, nicht – wie man hoffen darf – um »sich zu bedienen«, sondern um das Gemeinwesen eine Zeitlang nach ihren Vorstellungen zu gestalten. Die Mehrheit darf nie aus dem Auge verlieren, daß sie nicht das Ganze darstellt, sondern die Minderheit, jeden einzelnen und die Minderheiten mit vertritt.

Es ist nur eine moderne Entwicklung, daß in der korporativen Demokratie dieser vertretende Teil der Bevölkerung eine numerische Mehrheit, eine Zahlengröße ist. Der vertretende Teil könnte auch ein anders bestimmter Teil der Bevölkerung sein, ein Volksstamm z. B., alle Frauen oder eine geburts- und heiratsmäßig bestimmte Bevölkerungshälfte (wie es die Tewa sprechenden Pueblos in New Mexico entwickelt haben und praktizieren).[69] Nach einer festgelegten Zeit, etwa einem halben Jahr, würde dann in diesem theoretisch gebildeten Konkurrenzmodell zum Mehrheitsprinzip nach vorher bestimmter Regel ein anderer Volksstamm, alle Männer bzw. die andere Bevölkerungshälfte die Regierung übernehmen. Das erste Modell könnte vielleicht für Südafrika interessant sein (wo die Zulus, die Xhosas [ANC] und die Weißen die drei größten »Stämme« bilden), das dritte (das »Tewa-Modell«) für junge Demokratien außerhalb des europäischen Kulturkreises, etwa in Asien. Das zweite, das Frauen-Männer-Modell, mag humorvoll erscheinen. Aber es kommt in Ansätzen vor, z. B. bei der Weiberfastnacht und bei der Damenwahl.

Wenn also für eine funktionierende Demokratie gar nicht entscheidend ist, daß es die *Mehrheit* ist, die das Ganze für eine gewisse Zeit vertritt, sondern daß ein *Wechsel* stattfindet, sollte sich die Mehrheit ihrer Verantwortung für alle Arten von Minderheiten um so eher bewußt sein[70].

Ethnien, Volksgruppen, Lebensartgruppen und andere Minderheiten bieten ein so vielfältiges Erscheinungsbild, daß es schwerfällt, in Kürze für sie Regeln zu entwickeln, die in der Demokratie ihrem Schutze zu dienen vermögen.

Voraussetzung einer Demokratie ist ein ausgewogenes Maß von ethnischer Homogenität auf der einen und föderativer Struktur auf der anderen Seite. Je höher der Grad ethnischer Homogenität, desto niedriger sind die Anforderungen an die föderative Struktur, und umgekehrt: Fehlt es am ethnischen Zusammengehörigkeitsgefühl, ist das Ganze nicht »mehr« als die Summe der Teile, und um das Ganze »mehr« als die Summe der Teile sein zu lassen, bedarf es höhergradiger föderativer Struktur. Die Schweiz ist ein positives Beispiel, Südafrika ein negatives.

Aber der vorstehende generelle Befund – ein Schaukelverhältnis von ethnischer Homogenität und föderativer Struktur – ist nur ein allgemeiner. Mit dem Ruf nach einem hinreichenden Grad von Föderalismus ist es nicht getan, vor allem dann nicht, wenn die föderative Struktur – gleich welchen Grades an Zentrifugalität – nicht ausreicht, um das Element des »In-der-Minderheit-Seins« auszugleichen und aufzufangen, das mit Homogenitäts- und Föderalismusproblemen notwendig immer verbunden ist.

Man wird drei Hauptgruppen von Situationen zu unterscheiden haben, die in den Diskussionen um ethnische Homogenität, föderative Struktur und Minderheiten oft nicht genügend auseinandergehalten werden: Minderheiten in verhältnismäßig geschlossenen Siedlungsgebieten oder Randlagen (s. unter 2.), Minderheiten in gemischten Kulturen auf gleichem Raum (s. unter 3.) und kulturelle Enklaven (s. unter 4.). Daneben finden sich noch Mischformen dieser drei Typen und weitere besondere Fälle.

2. Minderheiten in geschlossenen Siedlungsgebieten und Randlagen

Beispiele bilden die Basken, die Katalanen in Nordspanien, die Slowenen in Österreich, die Südtiroler in Norditalien, die Eskimos in Grönland und Kanada, die Lappen in Schweden, die Kurden in der Türkei, im Irak und im Iran. Diese ethnisch mehr oder weniger geschlossenen Siedlungsgebiete und ethnischen Randlagen haben meist historische Gründe: Kriege, Politik der Fürstenhäuser, Wanderungen. Das Hauptproblem der Siedlungsgebiet- und Randlagen-Minderheiten ist ihre verfassungsmäßige Einbindung in das Gemeinwesen. Die Demokratie muß diesen Minderheiten Sonderstatuten, Autonomieverfassungen u. ä. zur Verfügung stellen, um sie unter kulturell gerechten Bedingungen im Gemeinwesen zu halten.[71]

3. Minderheiten in gemischten Kulturen auf gleichem Raum

Beispiele sind die afrikanischen Amerikaner in USA, die türkischen Gastarbeiter in Deutschland, die mexikanischen Wanderarbeiter in Kalifornien, die Juden in vielen Ländern, die Russen in Estland. Gründe können Verschleppungen, Anwerbungen, Vertreibungen aus Heimatländern oder Besiedelungsstrategien sein. Zu diesen Minderheiten zählen auch Lebensart-Minderheiten wie Homosexuelle, Ökosiedler und bestimmte religiöse Gruppen. Die Probleme dieser Minderheiten sind besonders vielfältig. Guido Calabresi hat dazu ein Buch mit wertvollen juristischen und politischen Ratschlägen verfaßt.[72] Es muß zwischen den Interessen und Wertvorstellungen der Mehrheitsgesellschaft und denen dieser Minderheiten auf allen Gebieten abgewogen werden, auf welchen diese Minderheiten eine Sonderstellung beanspruchen. Dabei kann der Grund ihres Hier- oder Andersseins – z. B. freiwillige Zuwanderung – eine Rolle spielen: Wer freiwillig wanderte, ging bestimmte Risiken ein. Als allgemeine Regel rät Calabresi, bei diesen Abwägungen den Minderheiten ein »kleines Plus« zu geben, um sie im Gemeinwesen unterzubringen. Freilich müssen auch diese Minderheiten – wie alle Minderheiten – Zugeständnisse machen, weil sie den Schutz des Gemeinwesens für ihre Sonderstellung beanspruchen. Wiederum ergibt sich das Problem der Abwägung.

4. Kulturelle Enklaven[73]

Zu den Beispielen gehören die meisten Indianerreservate in den USA, die Pueblos in New Mexico und Arizona, die z. T. christlichen Hochland-Ureinwohner in Taiwan (Atayal, Ami, Bunun, Tsou, Rukai, Paiwan u. a.), die Aborigines in Australien, die Siebenbürger in Rumänien, die Sorben und Wenden im Spreewald und die Araukanier in Chile. Eine anders leben wollende Minderheit sieht sich auf ihrem angestammten Gebiet von einer stärkeren »Hauptkultur« umgeben und widersetzt sich der Assimilierung. Hier liegen die Probleme deutlich verschieden von den beiden vorher genannten Gruppen. Kulturelle Enklaven sind schutzbedürftig, weil sie dem Assimilationsdruck der Hauptkultur ausgesetzt sind. Die Notwendigkeit des Schutzes besteht vor allem auf drei Gebieten: Es bedarf einer die Enklave als solche sichernden Gesetzgebung, der materieller Verfassungscharakter sowohl für die Haupt- als auch für die Enklavenkultur zukommt. Weiter muß geregelt sein, wie die umgebende Hauptkultur ihre zur Verfügung gestellten Dienstleistungen und die von ihr erhobenen Hoheitsansprüche (Infrastruktur, Sozialversicherung, Staatsangehörigkeit, außenpolitische Vertretung, Steuern, Wehrdienst usw.) der Enklave übermittelt. Schließlich ist der Schutz auf den einzelnen Gebieten des Lebens zu bedenken: Vorbehalt wirtschaftspolitischer Betätigung für die Stammesangehörigen im Enklavengebiet, Sprach- und Religionsschutz, Elementarschulunterricht in eigener Sprache, eigene Presse, eigener Sender, Fremdenverkehr, Folklore-Schutz und dergleichen.

5. Misch- und Sonderformen ethnischer Minderheiten

Misch- und Sonderformen ethnischer Minderheiten lassen sich manchmal nicht deutlich einer der drei Hauptgruppen zuordnen. Die Eskimo in Alaska sind auf der Grenze zwischen Randlage und Enklave. Die Roma und Sinti (»Zigeuner«) gleichen einer wandernden, ohne Gebiet ausgestatteten Enklave (was den Schutz besonders schwierig macht). Die Ladiner-Gebiete in der Schweiz und in Italien haben teils Enklaven-, teils Mischkulturcharakter. Gebiete wie Bosnien-Herzegowina kennen keine übergreifende Mehrheit, sondern bestehen aus allen drei Typen: Randlagen, Mischgebieten und Enklaven. In diesen Fällen müssen die für die drei Hauptgruppen entwickelten Regeln kombiniert werden, also z. B. eingeschränkter Gebietsschutz, Sonderstellungsschutz und Infrastruktur-Vermittlung zusammengenommen für Gebiete wie die der Ladiner. Viel hängt am Verfassungsrecht und am Gewaltmonopol des Staates, wie die genannten Beispiele im negativen (etwa Bosnien-Herzegowina) und positiven (z. B. Ladiner) Sinne belegen.

Der Rechtsstaat

Rechtsstaat wird der Staat genannt, in dem der Bürger seine ihm zustehenden Rechte ausüben und durchsetzen kann, gegen seine Mitbürger und vor allem auch gegen den Staat selbst. Rechtsstaat und Demokratie verhalten sich zueinander wie Staatsform zu Regierungsform. Die Demokratie fragt: »Wer regiert?« und antwortet: »Das Volk durch seine Vertreter.« Der Rechtsstaat fragt: »Wie wird regiert?« und antwortet: »Nicht nach Willkür, sondern nach den Maßstäben angestrebter Gerechtigkeit in angemessenem Verfahren.« Es gibt auch nichtdemokratische Rechtsstaaten. Der aufgeklärte Absolutismus des 18. Jahrhunderts und manche Entwicklungsländer heute sind Beispiel dafür. So betrachtet gehört also eine Diskussion des Rechtsstaates nicht in dieses Buch. Aber die Demokratie besteht, wie in Kapitel 1 gesagt, aus Mehrheitsregierung und Minderheitenschutz. Der bisher skizzierte Minderheitenschutz wird durchgesetzt und verwirklicht mit den Mitteln des Rechtsstaats. Darum muß in diesem die Minderheiten betreffenden Kapitel in aller Kürze etwas zum Rechtsstaat gesagt werden. Dabei geht es nicht in erster Linie um die Verwirklichung von Rechten Privater gegen Private, obwohl auch dies zum Rechtsstaat gehört. So muß z. B. der Staat Gerichtsschutz zur Verfügung stellen, wenn ein Arbeitgeber oder eine private Krankenanstalt rassisch oder religiös diskriminiert. Vor allem interessiert hier, wie der Rechtsstaat sich darin verwirklicht, daß Minderheits-, Grund- und Minderheitenrechte gerichtlich durchgesetzt werden können. Ausgangspunkt ist die Teilung der Staatsgewalten in Gesetzgebung, Verwaltung und Justiz.

1. Rechtsstaatsgrundsätze der Normsetzung

Die Gesetzgebung setzt die für alle gültigen Normen. Das Parlament hat sich dabei an die Verfassung zu halten. Im Rechtsstaat hat jeder Bürger das Recht, die Frage aufzuwerfen, ob sich ein bestimmtes Gesetz an die Verfassung hält. Man nennt dies »Normenkontrolle«, englisch »judicial review«.[74] Die Normenkontrolle ist das eine wichtigste Mittel, den Staat zu zwingen, sich normativ rechtsstaatlich zu verhalten.

2. Rechtsstaatsgrundsätze der Verwaltung

Hier stehen drei Prinzipien im Vordergrund.

a) Der Vorbehalt des Gesetzes
Die Verwaltung muß oft in die Sphäre des Bürgers eingreifen. Der »Vorbehalt des Gesetzes« besagt, daß sie dies nur vorbehaltlich eines vorher erlassenen Gesetzes darf. Wenn der Bürger belastet werden soll, muß die Rechtsgrundlage dazu erst

durch das Parlament geschaffen worden sein. Denn der Bürger zählt sich deshalb zu der im Staat organisierten Gesellschaft, weil er sich mit den anderen Bürgern selbst regieren will. Er hat also Anspruch darauf, daß zu erbringende Opfer im Parlament, wo auch sein Abgeordneter sitzt, diskutiert und beschlossen werden. Demokratie bedeutet nicht, recht zu behalten. Demokratie bedeutet auch nicht, von Belastungen frei zu bleiben. Demokratie bedeutet, die eigenen Gesichtspunkte öffentlich geprüft und berücksichtigt zu wissen.[75]

b) Die Gesetzmäßigkeit der Verwaltung

Ist ein Gesetz verfassungsgemäß erlassen, muß sich die Verwaltung bei Eingriffen in die Sphäre des Bürgers an das Gesetz halten. Das ist der Grundsatz der Gesetzmäßigkeit der Verwaltung.[76] Der Vorbehalt des Gesetzes bestimmt über das Ob, die Gesetzmäßigkeit der Verwaltung über das Wie des Eingriffs.

c) Verwaltungsgerichtlicher Schutz

Damit die beiden vorgenannten Rechtsstaatsgrundsätze der Verwaltung eingehalten werden, bestimmt in Deutschland Art. 19 Abs. 4 GG, daß der Bürger die Rechtsstaatsmäßigkeit von Verwaltungshandeln gerichtlich überprüfen lassen kann (sog. »Generalklausel«, im Unterschied zu früherem deutschem Recht und vielen ausländischen Rechten, die nur begrenzt – »enumeriert« – eine gerichtliche Prüfung der Verwaltungstätigkeit zulassen).[77]

Mit der Normenkontrolle gegen *allgemein* wirkende und mit der »Generalklausel gegen *im Einzelfall* wirkende Staatstätigkeit hat der Bürger einen vollständigen rechtsstaatlichen Schutz. Nicht viele Staaten gewähren ihn so lückenlos und effektiv wie Deutschland.

3. *Rechtsstaatsgrundsätze der Justiz*

Es gibt deren mehrere. Nur Stichworte sollen hervorgehoben werden:

a) Justizgrundrechte

Zu den ältesten Grundrechten der Menschheit zählen die sog. Justizgrundrechte. Die englische Habeas-corpus-Akte (1679) wurde schon erwähnt. Das deutsche Grundgesetz enthält vor allem die folgenden:

- rechtliches Gehör (»audiatur et altera pars«, man höre auch die andere Seite an), Art. 103 I GG
- Straftatbestände und Strafen müssen gesetzlich festgelegt sein (»nullum crimen, nulla poena sine lege«, keine Straftat, keine Strafe ohne Gesetz), Art. 103 II GG
- Verbot der Doppelbestrafung (»ne bis in idem«, nicht zweimal in gleicher Sache), Art. 103 III GG
- Haft nur bei richterlicher Entscheidung, und »habeas corpus« (du sollst deinen Körper unverletzt haben), Art. 104 GG
- Verbot von Ausnahmegerichten, Art. 101 I 1 GG
- Abschaffung der Todesstrafe, Art. 102 GG

b) Der gesetzliche Richter

Der Grundsatz des gesetzlichen Richters will dem Bürger einen unparteilichen Richter sichern, vgl. Art. 101 I 2 Grundgesetz. Das Gesetz bestimmt, wer an welchem Ort über welche Sache zu richten hat. Mit diesem gesetzlich bestimmten Richter muß der Bürger rechnen, wenn er eine Sache vorbringt, auf das Tätigwerden dieses Richters kann er sich aber auch verlassen. Das Gegenteil sind Sondergerichte, Standgerichte, Volksgerichtshöfe und andere ad hoc berufene »Gerichte«, mit denen Diktatoren bestimmte Zwecke zu verfolgen pflegen. Für die Nazis war der gesetzliche Richter demokratischer »Formalkram«.

Die Demokratie und die kulturellen Denkarten

Geschichtliches

Wenn man einmal von den Tewa-Pueblos, dem Irokesenbund und anderen der Ethnologie zuzuordnenden und z. T. noch wenig erforschten Ansätzen absieht, kann man sagen: Das Individuum (also die eigenverantwortliche, schuldfähige Persönlichkeit) verdankt seine Entstehung der tragischen Lebenshaltung aus der Zeit der griechischen Klassik und seine Würde und seinen Schutz auf Dauer dem Christentum. Ostern hat das Individuum von der Tragik befreit, in der die griechische Antike es hinterlassen hatte. Es hat aber 1500 Jahre gebraucht, bis man in größerem Umfang und mit breiter politischer Wirksamkeit darüber nachzudenken begann, wie sich die »Freiheit eines Christenmenschen«[78] politisch fassen und »verfassen« läßt. Diese an sich erstaunliche Verzögerung kann in ihren Ursachen hier nicht aufgehellt werden. Vielleicht hat sie zwei wesentliche Gründe: Die Überlagerung des frühen Christentums durch die konstantinisch-eusebianische Theokratie[79] und – nach der für die politische Fragestellung an sich notwendigen Wiederentdeckung der Antike – den vor allem durch Albertus Magnus und Thomas von Aquin unternommenen, aber letzlich gescheiterten Versuch, die überkommene konstantinisch-eusebianische Befindlichkeit des Christenstums auch gegen den kritisch-individualistischen Geist der Antike fortzuschreiben.[80] Auch Luther gelang die Umsetzung christlich begründeter Individualität und Denkfreiheit in politische Lebensform in keiner Weise.[81] Niemand unter den großen Reformatoren, Luther, Zwingli, Calvin und auf katholischer Seite z. B. Loyola, Suarez und Vitoria verstand es, aus der »Freiheit eines Christenmenschen« eine Staatsform oder auch nur das Programm einer solchen zu gestalten – Wittenberg, Genf und Rom verharrten in Angst vor Athen. Es waren die weniger berühmt gewordenen Calvin-Kritiker in der Schweiz, in Frankreich und in den Niederlanden, denen dies gelang.[82]

Die »westlich-abendländische Demokratie« als Exportartikel

Das Ergebnis dieser Entwicklung ist die in diesem Buch beschriebene Demokratie. Sie wurde zum »Erfolgsschlager« unter den Staatsformen und veranlaßte die schnelle, rationalistische industrielle und wirtschaftliche Entwicklung »im Westen«. Im 20. Jahrhundert wurde sie zum verfassungspolitischen Selbstläufer. Allerdings vergaß man, wo diese Freiheit herkam. Säkularisiert führte sie zu politischen und vor allem wirtschaftlichen Mißbräuchen. Der Marxismus, politisch verwirklicht im früheren Ostblock (1917–1990), war ein Versuch, bestimmte dieser Mißbräuche zu steuern.[83] Dieser Versuch wird heute in den meisten Ostblockländern als gescheitert betrachtet.[84] Auch diese Länder wenden sich nun der »westlich-abendländischen Demokratie« zu. Opfer der genannten Mißbräuche wurde auch die Dritte Welt. Ihres Bundesgenossen, des Ostblocks, beraubt, versucht auch sie, Demokratie zu lernen. Die UNO rät ihr zu und versucht, ein demokratisches Vorbild zu geben, ist aber selbst kein gesetzgebender Staat.

Das Problem, das sich durch diese versuchsweise Übernahme der Demokratie durch Zweite und Dritte Welt stellt, ist, daß es dort an den geistesgeschichtlichen Voraussetzungen der Demokratie fehlt. Es hat den Anschein, daß die westliche Demokratie, deren Verbreitung gegenwärtig in vielen Teilen der Welt politisches Programm ist, von soziokulturellen Voraussetzungen abhängig ist und auch nur dort Leben gewinnen kann, wo diese Voraussetzungen wenigstens in Ansätzen vorhanden, insbesondere durch Akkulturation ermöglicht worden sind. Ob sich hier Auswege oder Lösungsmöglichkeiten zeigen, ist kurz zu betrachten. Eine Anthropologie der Demokratie kann hier nicht in Angriff genommen werden.[85]

Die Tradition Rußlands

Russische Städte, die im Zuge der skandinavischen Erschließung des Wolga-Handelsweges nach Byzanz entstanden, wiesen wie andere europäische Städte Ansätze zu einer städte-demokratischen Verfassung auf.[86] Die späteren Entwicklungen jedoch, die Slavisierung dieser skandinavischen Gründungen, die zeitweilige Beherrschung mancher Gebiete durch Steppenstämme, die erbrechtlich behinderte Herrschaftsordnung im Kiewer Rus,[87] das zentralistische Regierungssystem der Zaren und seine Fortsetzung unter Lenin, Stalin und ihren Nachfolgern als »Demokratischer Zentralismus« ließen keine Weiterentwicklung demokratischer Ansätze zu.[88] Rußland und ihm folgend die Sowjetunion wurden zum Inbegriff diktatorischer Regierung. Auch die russisch-orthodoxe Kirche baute und baut sich nicht von unten, von den Gemeinden her auf, sondern ist ein zusätzliches Instrument der Beeinflussung der Menschen von oben nach unten. Die russisch-orthodoxe Kirche war und ist, was ihre Vertikalität anbetrifft, nur eine Alternative zum Marxismus und darum keine Schule der Demokratie. Der allgemeine Vorwurf der russischen Orthodoxie gegen die römisch-katholische und die protestantischen Kirchen lautet, sie seien zu sehr verweltlicht, zu wenig auf das Heilige ausgerichtet. Dabei wird christliches Gemeindeleben mit Weltlichkeit verwechselt. Fränkischer Feudalismus, also das Verbundsystem von Basis und Organen, fehlt folglich.[89] Obwohl Rußland am Anfang seiner Entwicklung und zu manchen Zeiten seiner langen Geschichte an der westlich-abendländischen Kultur teilnahm, kann man nicht sagen, daß es sie mitträgt. Ob es sie in Zukunft mittragen will, ist offen.

Wenn man unter diesen kulturellen Bedingungen die Demokratie als Regierungsform einführen will, darf man nicht von idealistischen Zielen, sondern muß nüchtern von den vorhandenen Daten ausgehen. Diese bestehen aus einer Verergruppierung von auseinanderlaufenden politischen Interessen: Es gibt heute auf dem Boden der früheren Sowjetunion (1) die westlichen Demokraten, (2) die (heute wohl überwiegend rechtsstaatlich gesonnenen) russischen Traditionalisten, (3) die sich auf die sozialistische Tradition ihres Landes nach 1917 berufenden Marxisten und (4) fundamentalistische Radikale verschiedener Provenienz, von den in Rußland ebenfalls traditionsreichen Anarchisten bis zu den fortschrittlichen Muslimen im Süden des Landes.

Eine reine *Konsens*demokratie ist, schon von der Größe des Landes her, kaum denkbar. Die Marxisten sollten weiterhin das Konsensideal pflegen, denn ohne von oben gelenkte Einheitspartei sind konsenssuchende Sowjets (= Räte) so harmlos wie konsensgeordnete Stammesgesellschaften. Anders ausgedrückt: Der Marxismus ist nicht gefährlich, wenn er sich des Terrors nicht bedienen kann. Marxismus, auch als Methode, ist nur mit gewaltsam durchgesetzten verordneten Werten praktikabel. Es gibt immer Leute, die Fragen stellen. Sie daran zu hindern, kann nur durch Angst vor Terror geschehen.

Die *korporative* Demokratie entbehrt in Rußland nahezu jeder Tradition. Darauf beruhen die gegenwärtigen Schwierigkeiten. Man könnte die korporative Demokratie lehren. Das wird, wenn überhaupt in Angriff genommen, Zeit kosten. U. a. wird man nicht nur mit dem Widerspruch der Altkommunisten, sondern auch mit dem der Kirche rechnen müssen.

Zu überlegen wäre daher ein zeitweiser Rückgriff auf die *duale* Demokratie.[90] Man könnte den russischen »westlichen Demokraten« nahelegen, sich mit den Radikalen zusammenzutun, und den russischen Traditionalisten, sich den sozialistischen Traditionalisten zuzuwenden. Damit ein Beschluß zustandekommt, müssen sich danach die westlichen Demokraten/Radikalen mit den Traditionalisten einigen. Oder man läßt die westlichen Demokraten/Radikalen mit den Traditionalisten – jeweils auf den verschiedenen Ebenen von Regierung und Kommunen – zeitlich alternieren. Das klingt ungewohnt und konstruiert, aber nachdenken sollte man darüber. Auf der Grundlage der zunächst schwerfälligen – aber hochlegitimen – dualen Demokratie ließen sich dann Elemente der korporativen Demokratie Stück um Stück einführen, wenn eine höhere Effizienz angestrebt wird. Die Kirche sollte man bei alledem aus der Betrachtung ausklammern (anders als im Westen, der die *repräsentative* Demokratie der presbyterianischen Kirchenverfassung abgeschaut hat[91]) und darauf warten, daß die Bürger Gemeinden wollen.

Islamische Demokratie?

Islamische Demokratie erscheint aus mehreren Gründen unmöglich: Es fehlt wegen Allahs alleiniger Herrschaft über das Schicksal der Menschen an der Möglichkeit risikomildernder und -verlagernder Treuebeziehungen zwischen den Mitgliedern einer Korporation einerseits und zwischen diesen Mitgliedern und beauftragten, rechenschaftspflichtigen Organen andererseits. Wahlen als Mittel zur risikomindernden Lösung von Problemen sind ein Verstoß gegen den Glaubenssatz, daß Glück und Leid dem Menschen von Gott zugeordnet und in eben dieser Weise anzunehmen und zu tragen sind. Weiterhin fehlt es wegen der »Schließung des Tores der Erkenntnis« etwa um das Jahr 330 n. d. Hedschra (etwa 950 n. Chr.) an erkenntnisgerichteter Tätigkeit von Parlamenten und anderen Gremien. Schließlich fehlt es wegen der nach herrschender islamischen Auffassung ständigen Neukonstituierung der Welt durch Allah am Begriff der Zeit (als durchlaufende Linie), so daß Amtsdauern, Wahlen zum Parlament in festgelegten Zeitabständen und dgl. unbegründbar sind.

Diese mangelnde Eignung des Islam als Religion zur Schaffung sozio-kultureller Grundbedingungen für die Demokratie wird von den islamischen Fundamentalisten und ihren Gegnern, den säkularen »sozialistischen« Regimen auf islamischem Boden gleichermaßen ausgenützt, zum Schaden des Islam selbst.[92]

Es fehlt also viel. Gleichwohl können Wege zu einer islamischen Demokratie erwogen werden. Die Einführung einer – gottgestifteten – »Zeit zu freier Verwendung« wäre das Wichtigste. Eine Lockerung des Verbots von Risikobewältigung könnte folgen. Dann wäre der Weg zur Korporationsbildung wenigstens teilweise frei.

Demokratien in buddhistischen Kulturen

Zwischen Hinayana und Mahayana ist zu unterscheiden. Im Hinayana-Buddhismus (»kleines Fahrzeug«) als der strenggläubigeren Richtung (Thailand, Sri Lanka, Myanmar-Burma) stößt die Demokratie auf die Schwierigkeit, daß zur Erlösung des Menschen die Überwindung aller Bindungen an diese Welt gehört. Die Demokratie setzt nun einmal ein gewisses »Ja« zu dieser Welt und zu den Mitmenschen voraus. Dagegen sind rechtsstaatliche Verhältnisse möglich, wenn und soweit die Staatsspitze dies will. Thailand ist auf diesem Weg ein Stück weit gegangen. Myanmar-Burma und Sri Lanka lassen dagegen wenig Demokratisches oder Rechtsstaatliches erkennen.

Der Mahayana-Buddhismus (»großes Fahrzeug«), der u. a. in Vietnam, Korea, Japan und zum Teil in China beheimatet ist, weist demgegenüber zwei Besonderheiten auf, die beide, je für sich genommen, in Richtung auf die Demokratie ausbaufähig sind. Im Mahayana haben animistische Denkweisen der vorbuddhistischen Zeit wieder Fuß gefaßt. Soweit im Animismus demokratische Beschlußfassung angewandt wird (Konsensdemokratie, duale Demokratie), wäre sie auch im Mahayana möglich. Weiter sind seit etwa dem 1. Jahrhundert n. Chr. Erlösungsvorstellungen in das Mahayana eingeflossen.[93] Bodisattwas (japanisch: Bosatsu) kümmern sich um die Menschen, was in menschlicher Sorge um Mitmenschen widergespiegelt werden kann. Dies ist der Boden für die vorhandenen Ansätze einer Demokratie in manchen ostasiatischen Ländern (Japan, Republik Korea).[94]

Der Konfuzianismus ist die verbreitetste Denkart in China, oft verbunden mit dem Mahayana-Buddhismus. Von allen ost- und südasischen Denkarten ist der Konfuzianismus die verhältnismäßig weltzugewandteste. Die fünf Ordnungsgefüge, in denen nach der Lehre des Konfuzius der Mensch steht, sind die Verhältnisse zwischen Vater und Sohn, Mann und Frau, Kaiser und Volk, älterem und jüngerem Bruder und älterem und jüngerem Freund. Die Vertikalität dieser diesseitigen Ordnungs- und Bindungsvorstellungen ist deutlich und kaum demokratiegeeignet. Zwei Ansätze zu demokratischer Denkweise bieten sich: der Ausbau der Freund-Freund-Beziehung, die auch horizontal gedacht werden kann, und die Einfügung von Erlösungs- und Fürsorge-Vorstellungen nach Art der zweiten Mahayana-Variante.[95]

Ähnlich wie der Hinayana-Buddhismus eignen sich aber sowohl Mahayana-Buddhismus wie Konfuzianismus für den Ausbau des Rechtsstaats. Die Verselbständigung des Menschen nach buddhistischer Vorstellung kommt namentlich der Einführung eines Grundrechtsverständnisses entgegen. Japan und die Republik China (Taiwan) haben diesen Weg nicht ohne praktische politische Erfolge beschritten und wollen ihn weiter gehen.[96] In der Volksrepublik China behindert allerdings die Vertikalität des Sozialismus eine Entwicklung in Richtung auf Grundrechte. Der aus Gründen der Wirtschaftsöffnung nach dem Westen verstärkt eingeführte Immaterialgüterschutz für Patente, Urheberrecht, Warenzeichen usw. könnte hier (wie auch anderweitig) u. U. eine Katalysatorfunktion übernehmen.

Demokratie im Hinduismus

Indien ist eine große demokratische Nation, die – angeleitet durch Großbritannien – nach ihrer Unabhängigkeit von britischer Kolonialmacht auf dem Gebiet der Demokratie Erstaunliches geleistet hat. Dabei ist Indien besonders durch religiöse und ethnische Diversität und mit wirtschaftlichen und rechtlichen Problemen belastet.[97] Der Hinduismus, die letzte große indo-europäische Götterhimmel-Religion, kommt – trotz früh vorhandener (Bhagavadgita) und dann später wieder aus buddhistischer Zeit (650–900 n. Chr.) übernommener Weltabwendungshaltung – offenbar der Demokratie durch seine familiären Egalitätstraditionen entgegen.[98] Auch hat der Hinduismus wegen der Strukturiertheit vieler seiner religiösen Vorstellungen weniger Schwierigkeiten mit dem Konzept der aus mehreren Teilen bestehenden Einheit[99] als der Islam, die beiden Hauptrichtungen des Buddhismus, der Konfuzianismus und die Stammes-Denkarten. Die für Indien verbleibenden noch zu lösenden Demokratie-Fragen sind keinesfalls unbedeutend. Sie scheinen hauptsächlich auf dem hinduistischer Gnosis entsprechendem Kastenwesen und auf der Weltabwendung zu beruhen, zu der vedisch-brahmanischer und buddhistischer Einfluß den Hinduismus ausformte. Auch hier würden mahayana-buddhistische Überzeugungen von einer wenigstens vorläufigen Treuebindung von Menschen an die Menschen und Dinge dieser Welt eine Hilfe sein.

Stammesdemokratien

Die Dinge liegen hier anders, weil dort, wo es noch Stammes-Kulturen gibt (wie z. B. in Afrika, Südostasien, bei den Indianern und Eskimos, im Pazifik), in der Regel kein Wunsch vorhanden ist, sich der westlich-demokratischen Regierungsform anzuschließen. Oft wird es sich bei diesen Stammeskulturen um kulturelle Enklaven handeln.[100] Vielmehr ist es häufig umgekehrt: Die eine kulturelle Enklave umgebende Hauptkultur möchte dem Stamm die westliche Demokratie oder eine ihrer Spielarten aufzwingen.[101] Doch gibt es, wie schon erwähnt, in Stammeskulturen nicht nur diktatorische (monarchische oder oligarchische), sondern auch demokratische Regierungsweisen. Die beiden erwähnten Typen sind die Konsensdemokratien und die dualen Demokratien.[102] Man sollte sie nicht vergessen, sie nicht mit *korporativer* Demokratie zu überfremden suchen[103], und sich *dieser* traditionellen Formen der Demokratie bedienen, wo die korporative Demokratie auf kulturelle, soziale oder traditionsmäßige Hindernisse stößt, man aber gleichwohl die Demokratie einführen möchte. Diese Mahnung ist an die großen Demokratien gerichtet, die Stammeskulturen in kulturellen Enklaven dulden und für sie Verantwortung übernommen haben (USA, Kanada, Australien, einige lateinamerikanische Staaten u. a.).

Glossar

Absolutismus: Königs- (oder andere) Herrschaft, die uneingeschränkt und ohne politische Kontrolle ausgeübt werden kann. Beispiel: Ludwig XIV. von Frankreich als »Roi Soleil«. Eine Übergangsform zu späteren, demokratischen Herrschaftsformen ist der aufgeklärte Absolutismus (z. B. Friedrichs des Großen von Preußen), der den Herrscher an rechtsstaatliche Grundsätze und ein gewisses Maß von Pluralismus bindet.

Administration: Im allgemeinen gleichbedeutend mit Verwaltung. In Ländern ohne den kontinentaleuropäischen Staatsbegriff häufig gleichbedeutend mit der Staatsregierung (z. B. in den USA). Dann gewinnt das Wort Administration den gleichen Sinn wie »government«.

Anarchie: Griechisch = Herrschaftslosigkeit. (Von arche = Herrschaft und an- = das Gegenteil von). Anarchisten lehnen politische Herrschaft über ein Gemeinwesen ab.

Anthropologie: Empirische Sozialwissenschaft, deren Gegenstand die Befindlichkeit des Menschen ist. Es geht der Anthropologie um die Befindlichkeit des Menschen als einzelnem sowie in seinen sozialen und sozietären Bindungen, beides auf kulturvergleichender Grundlage. Im Unterschied zur Soziologie arbeitet die Anthropologie notwendig kulturvergleichend. Von der Humanethologie (Biologie des menschlichen Verhaltens) unterscheidet sich die Anthropologie dadurch, daß sie nach kulturellen Besonderheiten fragt, während es die Humanethologie vorwiegend mit verhaltensmäßigen Universalien zu tun hat.

Arbeit: Menschliche Tätigkeit zur Selbsterhaltung und darüber hinausgehenden Erfolgen. Der Marxismus definiert volkswirtschaftlich notwendige Arbeit als diejenige Arbeit, die zur Reproduktion der Arbeitskraft, d. h. zur Subsistenz der arbeitenden Bevölkerung erforderlich ist, und die volkswirtschaftlich nützliche Arbeit als diejenige Arbeit, bei der mehr produziert wird, als zur Subsistenz erforderlich ist. Volkswirtschaftlich nützliche Arbeit schafft Mehrwert, der nach marxistischer Auffassung von den Inhabern der Produktionsmittel abgeschöpft wird (näher Ernest Mandel). Siehe auch Gebrauchswert, Tauschwert.

Aristokratie: Siehe Demokratie.

Augustinus (Kirchenvater): Siehe Civitas Dei.

Autorität: In der Rechtsanthropologie neben dem Begriff der Sanktion konstituierendes Element für das Recht. Autorität und Sanktion sind Bestandteile jeder anthropologischen Rechtsdefinition. Viele Autoren verlangen zusätzliche Merkmale wie die Absicht, gleiches gleich zu entscheiden, die Herstellung von Rechtsbeziehungen zwischen Menschen (im Unterschied zu spirituellen Wesen), ein Mindestmaß von Organisation oder Verwaltung, ein Anstreben von Gerechtigkeit, die Absicht zur Gerechtigkeit, die Rechtsidee usw.

B-Gruppe: Zusammenschluß der westlichen Industrienationen innerhalb der Vereinten Nationen (UNO).

Buddhismus: Im 6. Jh. v. Chr. von Buddha gestiftete Lehre zur Deutung und zur Überwindung der Welt und ihrer Leiden.

Bundesrepublik: Republikanisch verfaßter Staat in Form einer Föderation (siehe Republik und Föderation). Der offizielle Name Deutschlands lautet »Bundesrepublik Deutschland«, so daß in Europa unter Bundesrepublik häufig Deutschland verstanden wird. Aber auch Österreich und die Schweiz sind Bundesrepubliken. Die Schweiz nennt ihre bundesstaatliche Organisation Eidgenossenschaft. Belgien gibt sich derzeit eine bundesstaatliche Struktur. Italien und Spanien verfügen zwar über autonome Republiken oder Gebiete, sind aber als ganzes keine Bundesrepubliken. In Übersee sind die USA, Kanada und Brasilien Beispiele von Bundesrepubliken.

Bundesstaat: Zusammenschluß von Staaten zu einem Staat. Staatsrechtliche Organisationsform des Föderalismus. Beispiele: USA, Österreich, Deutschland. Beschlüsse der Organe des Bundesstaats wirken kraft der bundesstaatlichen Verfassung direkt für und gegen die Bürger der Mitgliedstaaten. Gegenbegriff: Staatenbund.

Chicago School: Volkswirtschaftliche Lehrmeinung in USA, vor allem seit den 60er Jahren dieses Jahrhunderts, die wirtschaftliche Effizienz als alleiniges oder Hauptziel zum Kriterium wirtschaftlichen Verhaltens macht. Der Haupteinwand gegen die Chicago School besteht darin, daß ihr Effizienz-Kriterium nicht zwischen kurz-, mittel- und langfristiger Effizienz unterscheidet, was zu voneinander abweichenden, ja gegenteiligen Ergebnissen führen kann.

Christentum: Aus der jüdischen Religion (Judaismus) hervorgegangene Religion der Christen, d. h. derjenigen, die den nach jüdischer Tradition erwarteten Messias als Gottesboten in der Erscheinung von Jesus von Nazareth für historisch halten.

Civitas Dei: Lateinisch = Gottesstaat. Vom Kirchenvater Augustinus gesetzter Gegenbegriff zu menschlicher Regierung. Die dichotomische Gegenüberstellung von Gottesreich und menschlichem Reich gilt als manichäisches Element der Augustinischen Theologie (Mani = persischer Religionsgründer, 215/216–276/277). Der Manichäismus ist eine auf der Dualität von Gut und Böse aufbauende Sekte am Rande des Christentums. Die wichtigsten manichäischen Propheten sind Zoroaster, Buddha, Jesus und Mani. Dabei wird Jesus eine bestimmte Vorrangstellung eingeräumt. Der Manichäismus paßte sich lokalen Traditionen an, ließ aber einen Kernbestand unverändert. Auf diese Weise berufen sich chinesische Texte des Manichäismus auf Jesus, und für Augustinus bedeutete der Übergang vom Manichäismus zu dem nach seiner Bekehrung vertretenen Christentum keinen grundlegenen Wandel. Die Dualität von Gottesreich und irdischem Reich wurde unter dem Einfluß des Augustinermönches Martin Luther zur Zwei-Reiche-Lehre (Zwei-Regimenten-Lehre). Sie bestimmt im Kern noch heute die politische Haltung der meisten Protestanten. Dadurch kann die von Martin Luther im übrigen vertretene »Freiheit eines Christenmenschen« nicht in eine christlichen Grundsätzen entsprechende politische Ordnung im Diesseits umgesetzt werden.

Daseinsvorsorge: Siehe Wohlfahrtsstaat.

Demokratie: Griechisch = Herrschaft des Volkes. Platon (Politikos/Der Staatsmann 302d) und Aristoteles (Politeia/Politik, 1279a, b) unterscheiden 3 gute und 3 entartete Staatsformen. Regiert *ein einziger*, so bildet die Monarchie als das wahrhafte Königtum die gute Form, die Tyrannei als Willkürherrschaft des einzelnen die entartete. Liegt die Herrschaft in der Hand *weniger*, muß man die Aristokratie (wörtlich: die Herrschaft der Besten) von der verderbten Form der Oligarchie (Herrschaft der wenigen, modern ausgedrückt: Herrschaft einer Junta oder eines Klüngels) unterscheiden. Sind *alle* Bürger an der Bildung des Staatswillens beteiligt, handelt es sich im günstigen Falle um eine Demokratie, im ungünstigen um eine Ochlokratie (Herrschaft des Pöbelhaufens). Während Platon der Monarchie als idealer Staatsform zuneigt, bevorzugt Aristoteles die Demokratie, weil die Menge vieles besser beurteilen könne als einer allein, »mag er sein wer er will«. Das von Plato und Aristoteles erarbeitete Schema wird noch heute verwendet. Auf ihm beruhen auch Vorstellungen einer »gemischten Verfassung«, die aus Elementen der Monarchie, der Aristokratie und der Demokratie zusammengesetzt sein soll. Die ersten römischen Kaiser (der Prinzipatszeit) argumentierten zur Rechtfertigung ihrer Stellung im Staat mit der »gemischten Verfassung«.

Denkart (mode of thought): Als anthropologischer Begriff eine Geisteshaltung, die menschliche Wahrnehmung von Daten mit geistig reflektiertem Verhalten in kulturformender Weise verbindet. Beispiele: Totemismus, Polydaimonismus, tragische Weltauffassung, Hinayana-Buddhismus, Konfuzianismus, Islam, Marxismus usw. Siehe auch nationale Denkart.

Despot: unumschränkter Herrscher.

Diktatur: Regierungsform, in der ein einzelner oder eine kleine Gruppe die politische Willensbildung in der Hand hält (Beispiele: Hitler-Regime 1933–1945 in Deutschland; sozialistisches Regierungssystem unter Lenin, Stalin und dessen Nachfolgern 1917–1990 in der ehemaligen Sowjetunion; Herrschaft des Generalissimo Francesco Franco über Spanien 1938–1975; usw.).

Duales Prinzip: Siehe Mehrheitsprinzip.

Dualismus: Siehe Moiety.

Eigentum: Das Recht, mit einer Sache nach Belieben zu verfahren. Das deutsche Recht kennt Einschränkungen dieses Rechts aufgrund der Sozialpflichtigkeit des Eigentums, und bei Tieren.

Einheitspartei: Politisches Herrschaftsinstrument scheindemokratischer Art in Diktaturen. Da »Partei« von lateinisch »pars« (= Teil eines ganzen) abgeleitet ist, »Einheitsparteien« aber das ganze verkörpern wollen, ist der Ausdruck »Einheitspartei« ein Widerspruch in sich. »Einheitsparteien« sind bewußt nicht bloß ein »Teil«.

Entfremdung: Im Marxismus die psychologische Distanz zwischen dem Arbeiter und dem von ihm hergestellten Produkt (z. B. bei Fließbandarbeit). Für Marx tritt Entfremdung schon durch volkswirtschaftlich nützliche Arbeit ein (siehe Arbeit), weil durch sie abschöpfbarer Mehrwert entsteht. In der Marxismus-Kritik bedeutet Entfremdung, daß die vom Sozialismus zugrundegelegte Ethik des Aufwands (die Bezahlung jeder Arbeit, auch nicht nachgefragter Arbeit) dazu führt, daß der Arbeiter den Sinn seiner Arbeit für die Allgemeinheit nicht mehr einsieht.

Entwicklungsländer: Siehe Gruppe 77.

Eschatologie: Lehre von den letzten Dingen.

Europäische Gemeinschaft (EG): Supranationale Organisation von zunächst 6, heute 12 europäischen Mitgliedsländern, bestehend aus der Europäischen Wirtschaftsgemeinschaft (EWG), der Europäischen Gemeinschaft für Kohle und Stahl (EGKS) und der Europäischen Atomgemeinschaft (EAG); enger verknüpft durch die Einheitliche Europäische Akte (EEA) und durch den – noch nicht in Kraft getretenen – Vertrag von Maastricht.

Europarat: 1949 gegründeter Staatenbund europäischer Länder (Belgien, Dänemark, Deutschland, Frankreich, Griechenland, Irland, Island, Italien, Liechtenstein, Luxemburg, Malta, Niederlande, Norwegen, Österreich, Portugal, Schweden, Schweiz, Spanien, Türkei, Vereinigtes Königreich und Zypern) »zum Schutze und zur Förderung der Ideale und der Grundsätze«, die »gemeinsames Erbe« der europäischen Nationen bilden. Der Europarat hat vor allem auf rechtlichem Gebiet viele Aufgaben in Angriff genommen und durchgeführt. Der Europarat ist nicht identisch mit der Konvention zum Schutze der Menschenrechte und Grundfreiheiten – Europäische Menschenrechtskonvention –, die eine Europäische Kommission und einen Europäischen Gerichtshof für Menschenrechte eingerichtet hat. Europarat und Europäische Menschenrechtskommission sind wiederum zu unterscheiden von der Europäischen Gemeinschaft (EG). Die EG hat nur 12 Mitglieder.

Evolution: Entwicklung. Auf die Politik übertragen: rechtlich betriebener und abgesicherter Fortschritt und insoweit der Gegenbegriff von Revolution.

Faschismus: Italienische Form eines national ausgerichteten Sozialismus. Benito Mussolini (1883–1945) war der »Duce« (Führer). Sein Lebensweg führte ihn vom internationalen zum nationalen Sozialismus (siehe auch Nationalsozialismus).

Faustrecht: Faustrecht ist kein Recht, sondern gleichbedeutend mit Macht und Anarchie. Jeder »nimmt sich sein Recht«, unterwirft also die eigenen Ansprüche keiner Rechtsordnung.

Feudalismus: Lebens- und Gesellschaftsordnung, die im wesentlichen auf einem kooperativen Aufbau des politischen Gemeinwesens besteht (siehe Korporation). Kennzeichnend ist das Treueversprechen der Mitglieder einer Versammlung von Bürgern untereinander (Gesellschaftsvertrag) und die Bevollmächtigung eines Herrschers in einem Herrschaftsvertrag (siehe dort). Pejorativ: Konservative, aufwendige Lebensweise.

Föderalismus: Verwaltungs- und Regierungsprinzip, das eine vertikale Gewaltenteilung nach Art eines Bundesstaates vorsieht (siehe Bundesstaat). Staaten auf »unterer Ebene« schließen sich zu einem Staat auf »höherer Ebene« zusammen.

Föderation: Siehe Föderalismus, Bundesstaat.

Fraktion: Summe der Vertreter einer Partei oder eines Parteienbündnisses im Parlament.

Freiheit: Eigenschaft des Menschen, sich von fremden Einflüssen fernzuhalten (»Freiheit von«) oder sich für Werte zu entscheiden (»Freiheit zu«). Als Entfaltungsfreiheit geschützt in Art. 2 GG.

Gemeinwille (volonté génerale): Begriff aus der Demokratietheorie von Jean-Jacques Rousseau (1712–1778). Idealisierende Zusammenfassung von Willensäußerungen der Staatsbürger zu einer gemeinsamen Willensbildung. Zu unterscheiden von der »volonté de tous«, der das idealisierende, auf die Richtigkeit der Willensbildung abzielende Element fehlt (Jean-Jacques Rousseau; Le contract social, 1762): »Die einzelnen beugen sich unter den gemeinsamen Willen, an dessen Bildung jeder von ihnen teilhat« (I 6).

Genossenschaft: Zusammenfassung von Bürgern in einer Korporation (siehe dort), unter Betonung eines zu erreichenden Zwecks (Agrar-, Produktions-, Berufs-, Deichgenossenschaft usw.).

Gesellschaftsvertrag: Einigung unter grundsätzlich gleichgestellten Bürgern, man wolle zusammen ein Gemeinwesen bilden (contrat sociale).

Gesetz: Inbegriff von Normen (siehe dort).

Gewaltenteilung: Aufteilung der öffentlichen Gewalt unter verschiedene Autoritätsträger, die sich gegenseitig kontrollieren. Eine der ersten Beschreibungen der Gewaltenteilung ist die Darstellung des englischen Regierungssystems durch Thomas Smith, De Republica Anglorum. A Discourse on the Commonwealth of England, 1583. Erneut beschrieben und dann als Verfassungsgrundsatz postuliert durch Montesquieu (1689–1755).

Gewaltmonopol des Staates: Grundsatz, daß die einzige Gewalt im Staat rechtlich organisiert und von staatlicher Autorität getragen sein muß. Das Gewaltmonopol des Staates ist gleichbedeutend mit dem alten deutschen Wort Landfrieden (oder Reichsfrieden). Ohne das Gewaltmonopol des Staates herrschen Faustrecht und Anarchie.

Gleichberechtigung: Zuordnung subjektiv öffentlicher Rechte gleichen Inhalts an Bürger gegen das Gemeinwesen. Gleiches soll nicht willkürlich ungleich, Ungleiches nicht willkürlich gleich behandelt werden.

Goldene Regel: Moralisches Gebot, anderen nichts zuzufügen, was man selbst nicht erleiden will (Augustinus; Matth. 7,12).

Government: Siehe Administration.

Grundgesetz: Soviel wie Verfassung. Übernommen aus dem Niederländischen: grondwet = Grundgesetz. 1949 scheuten sich die Länder der westlichen Besatzungszonen Deutschlands, der Verfassung der neugegründeten Bundesrepublik Deutschland den Namen »Verfassung« zu geben, weil man diesen Ausdruck der Verfassung eines wiedervereinten Deutschlands vorbehalten wollte. Inzwischen hat sich der Ausdruck Grundgesetz als gleichbedeutend mit Verfassung eingebürgert.

Grundrechte: Rechtlich gesicherte Positionen des einzelnen und bestimmter Zusammenschlüsse von Menschen gegenüber der Autorität des Staates. Zu den Grundrechten zählen die Menschenrechte (z. B. Religionsfreiheit, Recht auf freie Meinungsäußerung, Versammlungsfreiheit und andere Abwehrrechte gegen den Staat). Zu den Grundrechten zählen weiterhin Rechte, die bestimmten Zusammenschlüssen zugeordnet sind, z. B. die im Arbeitsrecht wichtige Koalitionsfreiheit (Art. 9 GG). Sog. Grundrechte der 2. Generation sind »soziale Grundrechte« wie Recht auf Arbeit, Recht auf Wohnung, die sich noch nicht allgemein durchgesetzt haben. Manche sprechen von einer 3. Generation von Grundrechten, z. B. vom Recht auf Entwicklung der Menschen in den Entwicklungsländern gegen die Industrienationen des Westens. Auch diese Diskussion ist noch offen. Unbestritten ist der den einzelnen Menschen zustehende Abwehrbereich gegen die öffentliche Hand. Zu Recht wird eine Drittwirkung von Grundrechten über die Generalklauseln des Privatrechts auch mit dem Ziel indirekter Geltung zwischen Privatpersonen anerkannt.

Grundrechtsdemokratie: Siehe Volksdemokratie.

Gruppe 77: Zusammenschluß der Entwicklungsländer innerhalb der Vereinten Nationen (UNO). Derzeit etwa 125.

Harvard School: Nationalökonomische Schule in den USA, die außer ökonomischer Effizienz auch andere Werte in die wirtschaftspolitische Beurteilung einbezieht, z. B. Optimierungsstrategien, Industriepolitik, Arbeitsmarktpolitik, außenwirtschaftliche Ziele usw.

Herrschaftsvertrag: Abkommen zwischen den Teilnehmern eines Gesellschaftsvertrags auf der einen und einem von ihnen eingesetzten Herrscher. Ebenso wie die Mitglieder des Gesellschaftsvertrags untereinander durch Rechte und Pflichten verbunden sind, ist der Herrscher mit dem gebildeten Gemeinwesen durch Rechte und Pflichten verbunden (siehe Gesellschaftsvertrag; Korporation).

Hinduismus: Heutige Form der vedisch-brahmanischen Religion, die ihre meisten Anhänger in Indien hat.

Humanethologie: Biologie des menschlichen Verhaltens; siehe auch Anthropologie.

Ideologie: Weltanschauung (siehe dort) in politischer Absicht.

Islam: Strikt monotheistische Religion, gestiftet vom Propheten Mohammed (622 n. Chr.; = Hidschra). Wörtlich bedeutet Islam Hingabe an Gottes Willen, Rettung und Frieden.

Judaismus: Monotheistische Religion der Juden, die sich durch ein besonderes Geschichtsbewußtsein, eine Gott und Menschen verbindende Bundesvorstellung und strikte ethische Regeln auszeichnet.

Kartellrecht: Recht der Wettbewerbsbeschränkung (siehe Wettbewerb).

Kaste: Durch Geburt oder Heirat erworbene Zugehörigkeit zu einer bestimmten Bevölkerungsgruppe, kennzeichnend für den Brahmanismus. Heute in Indien offiziell abgeschafft.

Klasse (politische): Siehe Marxismus.

Körperschaft: Siehe Korporation.

Kommunismus: Lebensform, in der Güter im Gemeinbesitz stehen. Man kann den Kommunismus nach der Art der in Gemeinbesitz stehenden Güter unterteilen: landwirtschaftlicher Grund und Boden, landwirtschaftliche Maschinen, Häuser, Hausrat, bis hin zu gemeinschaftlichen Rechten an Menschen, wie Frauen, Sklaven, Kindern. Eine andere Einteilungsmöglichkeit ist die nach der zugrundeliegenden Weltanschauung oder Ideologie: christlicher Kommunismus, klösterlicher Kommunismus, marxistischer Kommunismus. Ohne näheren Zusatz gebraucht, wird das Wort Kommunismus meist auf den marxistischen Kommunismus bezogen, der persönliches Eigentum in geringem Umfang anerkennt, im übrigen aber auf verschiedenen Formen von Gemeineigentum beruht.

Konsensprinzip: Siehe Mehrheitsprinzip.

Konstruktives Mißtrauensvotum: Art. 67 GG lautet: »(1) Der Bundestag kann dem Bundeskanzler das Mißtrauen nur dadurch aussprechen, daß er mit der Mehrheit seiner Mitglieder einen Nachfolger wählt und den Bundespräsidenten ersucht, den Bundeskanzler zu entlassen. Der Bundespräsident muß dem Ersuchen entsprechen und den Gewählten ernennen. (2) Zwischen dem Antrage und der Wahl müssen achtundvierzig Stunden liegen.« Die Bestimmung will verhindern, daß eine Parlamentsmehrheit einen Kanzler stürzt, ohne selbst in der Lage zu sein, sich auf einen Nachfolger zu einigen.

Korporation: Einheit, die auf einem Gesellschafts- und einem Herrschaftsvertrag beruht (siehe Gesellschaftsvertrag, Herrschaftsvertrag).

Kultur: »Kultur ist die komplexe Einheit, welche das Wissen, den Glauben, die Künste, die Moral, das Recht, die Gebräuche und alle anderen Fähigkeiten und Gewohnheiten einschließt, die der Mensch als Mitglied der Gesellschaft erworben hat«, so die Begriffsbestimmung von Edward Burnett Tylor, Primitive Culture, 1871; Nachdruck New York: Harper & Row 1958, S. 1 (Culture... is that complex whole which includes knowledge, belief, arts, morals, law, custom, and any other capabilities and habits acquired by man as a member of society). Noch immer meist verwendete Definition des Kulturbegriffs.

Macht: In den Sozialwissenschaften Gegenteil von Recht.

Manichäismus: Siehe Civitas Dei.

Markt: Das Vorhandensein von Wettbewerb in einem gegebenen Raum, zu einer gegebenen Zeit und mit Bezug auf ein gegebenes Gut (sog. drei Marktdeterminanten).

Marktformenlehre: Traditionelle Lehre von den Formen des Marktes (siehe dort), beispielsweise unter Einteilung in Monopol, Oligopol, Polypol, vollständiger Wettbewerb, vollkommener Wettbewerb (siehe Wettbewerb). Heute ergänzt durch Marktverhaltens- und Marktstrukturlehren.

Marktwirtschaft: Wirtschaftsform, welche die Verteilung der knappen Güter über den Wettbewerb (siehe dort) stattfinden läßt.

Marxismus: Revolutionäre wirtschafts- und sozialpolitische Lehre, begründet von dem Deutschen Karl Marx (1818–1883). Die Lehre betont »die Bedeutung der ökonomischen Gegebenheiten auch für die Rechts- und Verfassungsordnung, für die herrschenden Rechtsauffassungen und für das in der Gemeinschaft herrschende Sozialethos« (Zippelius 1976, 162). Alle Varianten, Spielarten und auch die sog. »marxistische Methode« lassen sich auf den axiomatisch gesetzten Unterschied zwischen Gebrauchswert und Tauschwert zurückführen. Schon Aristoteles stellte am Beispiel einer Sandale die These auf, alle Dinge hätten zwei Werte, einen immanenten Wert für den, der sie gebrauche (Gebrauchswert) und einen möglicherweise davon abweichenden, den der Verkauf dieser Sache am Markt erzielt (Tauschwert). Den Tauschwert kann man auch als Marktwert bezeichnen. Obwohl Karl Marx in seinem Hauptwerk »Das Kapital« den Ausdruck Gebrauchswert nicht immer einheitlich verwendet, ist deutlich, daß er unter Gebrauchswert den echten, richtigen, vom Markt und seinen

Bedingungen nicht verfälschten Wert versteht, während der Marktwert Übervorteilung, Ausbeutung, Abschöpfung von Mehrwert, Verelendung, die Bildung von gesellschaftlichen Klassen und ganz allgemein die Herrschaft von Menschen über Menschen ermögliche. Der Marxismus bekämpft daher eine Wirtschaft zu Tauschwerten und strebt eine solche zu Gebrauchswerten an. Nach Marx ist die historische Entwicklung zu diesem Ziel unausweichlich, kann aber durch revolutionäre Aktion der ausgebeuteten Klasse beschleunigt werden. Das Problem des Marxismus besteht darin, daß der Gebrauchswert nicht operationalisierbar und nicht empirisch ist, und nicht diskutiert werden kann (diskutierte Werte sind Marktwerte). Gebrauchswerte müssen daher hoheitlich zentral festgesetzt werden. Dies entzieht sie der Kostenkontrolle (Jevzey Liberman). Dadurch ist in den geschichtlich bekannten Fällen der Sozialismus stets »zu teuer« geworden. Außerdem verlangt die zentrale Steuerung der Werte die Diktatur als Regierungs- sowie den Totalitarismus als Gesellschaftsform.

Mehrheitsprinzip: Politischer Grundsatz, daß die zahlenmäßige Mehrheit von Stimmen bei Abstimmungen den Ausschlag gibt. Gegenbegriff ist das Mehrklassenwahlrecht, bei dem bestimmte Bevölkerungsgruppen ein mehrfaches Stimmrecht haben; Gegenbegriffe sind auch das »Wägen« von Stimmen, bei dem die Lautstärke den Ausschlag gibt (von den Germanen berichtet), das Konsensprinzip, bei dem sich alle einig sein müssen, und das duale Prinzip, bei dem zwei (vorher ermittelte) Standpunkte übereinstimmen müssen.

Menschenwürde: Unentziehbare Eigenschaft des Menschen, selbst einen rechtlich anerkannten Wert zu verkörpern und sich für Werte entscheiden zu können. Geht zurück auf den Philosophen Immanuel Kant. Von vielen modernen Verfassungen als Grundprinzip übernommen.

Minderheit: Politische, ethnische, religiöse oder auch Lebensstil-Gruppe, deren Auffassung nicht der der vorherrschenden Gruppen in einem politischen Gemeinwesen entsprechen. Minderheiten bedürfen politischer Artikulationsmöglichkeiten. Bestehen diese, spricht man von einer pluralistischen Gesellschaft.

Mißtrauensvotum: Siehe konstruktives Mißtrauensvotum.

Mitbestimmung: Arbeitsrechtlicher Grundsatz, daß die Arbeitnehmer an der Unternehmensleitung mitberatend oder mitentscheidend mitwirken können. Unterfall der Partizipation (siehe dort).

Mode of Thought: Siehe Denkart.

Moiety: (Von französisch moietié = Hälfte.) Sozietäre Untergliederung eines Stammes, eines Dorfes (z. B. eines Pueblo) oder einer anderen ethnischen Einheit in zwei Hälften. Ausdruck eines dualen Prinzips. Die Beobachtung zeigt, daß damit verschiedene Zwecke verfolgt werden können, z. B. exogame oder endogame Heiratsregeln, Patenschaftsregeln, Regeln über Sportwettkämpfe oder Regeln über den turnusmäßigen Wechsel in der Leitung des Stammes (z. B. bei den Tewa-Pueblos). Moieties finden sich bei afrikanischen Völkern, in Polynesien, Melanesien, bei den Indianern des nordamerikanischen Südwestens und andernorts. Ein Dualitätsprinzip findet sich in der Geschichte vieler Nationen: Dioskuren; die beiden römischen Konsuln; vjetsche Verfassung der russischen Warägerstädte Nowgorod und Pleskau; Oberhaus und Unterhaus; Zwei-Parteiensysteme usw.

Monarchie: Siehe Demokratie.

Moral: Inbegriff von Normen (siehe Norm), denen Sanktionen beigegeben, die aber nicht auf Autorität gegründet sind. Im rechtlichen Zusammenhang gleichbedeutend mit Ethik, Sittlichkeit und guter Sitte.

Nachtwächterstaat: Staat, der sich auf die zwangsweise Aufrechterhaltung von Recht und Ordnung beschränkt. Gegenbegriff: Wohlfahrtsstaat.

Nation: Siehe Volk.

nationale Denkart: Auf eine Nation als Rechtseinheit bezogene Denkart (siehe dort). Der Begriff »nationale Denkart« stammt von Ernst Rabel.

Nationalismus: Ideologie, die das Volk in den Mittelpunkt stellt.

Nationalsozialismus: Ideologie der NSdAP (Nationalsozialistische deutsche Arbeiterpartei), der Partei von Adolf Hitler (1889–1945), Hermann Göring, Josef Goebbels, Alfred Rosenberg u. a. Theoretisch beschrieben in Adolf Hitlers Buch »Mein Kampf« und in Alfred Rosenbergs »Mythos des 20. Jahrhunderts«. Die Ideologie dieser Partei (siehe Ideologie) ist gekennzeichnet durch extremen Nationalismus, Rassismus, totalitären Zwang, politische Diktatur (»Führerprinzip«), Mißachtung einzelner und von Minderheiten, Militarismus und durch eine Berufung auf die angebliche rassische Überlegenheit des »Ariers«

als eines blonden, blauäugigen, physisch kräftigen und treu-gefolgsamen Menschen. Gestützt auf den Terror seiner Partei und deren Organisationen regierte Hitler Deutschland 1933–1945. Der Nationalsozialismus hinterließ über 6 Mill. als politisch verfolgte getötete Deutsche u. a. Europäer (zumeist Juden) und etwa 50 Mill. Kriegstote.

Naturrecht: Inbegriff aller Rechtsphilosophien, die über oder hinter dem gesetzten Recht ein »eigentliches Recht« anerkennen. Goethe: »Vom Rechte, das mit uns geboren ist, von dem ist leider nie die Frage«, Faust I. Teil, 5. Szene (Mephistopheles und Schüler). Man unterscheidet Naturrechtstheorien der griechischen Antike, der Scholastik, der Reformation und Gegenreformation, der Aufklärung, die Theorie vom »richtigen Recht« (Rudolf Stammler, Karl Larenz), die Theorie von »der Natur der Sache« (z. B. Arthur Kaufmann), usw.

Nazismus: Abkürzung für Nationalsozialismus (siehe dort).

Norm: Bedingungssatz, bestehend aus einem Tatbestand und einer Folgeaussage. Immer wenn der Tatbestand in seinen einzelnen Merkmalen vorliegt, tritt die Folge ein. Man unterscheidet Seinsnormen (wenn der Herbst kommt, sammeln sich die Zugvögel) und Sollensnormen (Normen der Moral, der Religion oder des Rechts).

Obrigkeit: Biblischer Begriff für politische Herrschaft. Der Urtext unterscheidet den Despoten (z. B. Luk. 22,25: basileus) von den leitenden Behörden der Stadtstaaten und Republiken im hellenischen Bereich (z. B. Röm. 13,1: archontes = die Stadtältesten). Der im Urtext gemachte Unterschied kommt in vielen Bibelübersetzungen nicht zum Ausdruck. Die Bibel fordert Gehorsam gegenüber den Archontes, jedoch unter Christen Vermeidung des Basileus. Wegen der unpräzisen Übersetzung verlangen manche Christen auch die Unterwerfung unter Despotien (siehe Despot).

Ochlokratie: Siehe Demokratie.

Öffentliche Meinung: Empirisch ermittelbarer Querschnitt von Meinungen in einer pluralistischen Gesellschaft. Gegenbegriff: veröffentlichte Meinung.

Ökonomische Analyse des Rechts (economic analysis of law): Wissenschaftliche Behandlung der Frage, inwieweit Recht sich wirtschaftlich lohnt. Beruht auf dem Modell der vollkommenen Konkurrenz (siehe Wettbewerb) und, jedenfalls nach vorherrschender Meinung, auf dem Effizienzkriterium der Chicago Schule (siehe dort).

Oligarchie: Siehe Demokratie.

Opposition: Politische Minderheit im Parlament, Gesprächspartner der Regierungsmehrheit zum Zwecke der Durchführung des politischen Dialogs. Der Begriff der Opposition setzt dialogisches Denken voraus. Totalitäre Gemeinwesen (siehe Totalitarismus) kennen keine Opposition. Wichtigstes Recht der Opposition ist, selbst zur Regierungsmehrheit zu werden und dafür beim Wähler zu werben.

Parlament: Eine der drei Gewalten (siehe Gewaltenteilung), neben Exekutive und Judikatur.

Partei: Sammlung von Bürgermeinungen in der Demokratie.

Partizipation: Teilhabe, z. B. an Gütern oder an Entscheidungen.

Person: Lateinisch: persona = Maske. Zuschreibung von Individualität an einen Menschen. Im Recht wichtig für die Ausstattung des Menschen mit Rechten und Pflichten. Im Recht erfolgt eine Übertragung des Personenbegriffs auch auf nichtmenschliche Gebilde, wie z. B. Handelsgesellschaften: Juristische Personen.

polis: Stadtstaat der griechischen Antike.

Politische Theologie: Ironisch-polemischer Begriff, aufgestellt durch Carl Schmitt zur Beschreibung politischer Ansprüche theologisch abgesicherter Instanzen. Der Begriff wird zunehmend verwendet als allgemeine Bezeichnung für das Verhältnis von Theologie und Politik, z. B. auch für das Gegenteil, die theologisch orientierte Politik. Wegen der sprachlichen Reduktion auf die Theologie (Substantiv!) als Sammelbezeichnung für die Beschreibung der Spannungsverhältnisse von Politik und Theologie »und der zahllosen Querverbindungen von Religion und Politik« (Assmann 114) unglückliche und besser zu vermeidende Begriffsbildung.

Privatautonomie: Im bürgerlichen Recht die Anerkennung der Freiheit des einzelnen, über die Befriedigung seines Bedarfs an knappen Gütern selbst zu entscheiden, z. B. die Entscheidung zu treffen, ob verdientes Geld ausgegeben oder auf ein Sparkonto angelegt werden soll. Grundlage des bürgerlich-rechtlichen Vertragsrechts, die z. B. in

§ 119 Abs. 2 BGB zum Ausdruck kommt (Präferenzen, nicht objektive Wertsetzungen entscheiden über die Wirksamkeit eines Vertrags, Wert- und Preisirrtümer berechtigen daher nicht zur Anfechtung). Im internationalen Privatrecht bedeutet Privatautonomie, daß die Parteien grundsätzlich frei in der Entscheidung sind, welchem nationalen Recht sie einen Vertrag unterstellen wollen.

Pueblo: Pueblos sind Stadtstaaten oder Dorfstaaten der Pueblo-Indianer in New Mexico und Arizona, USA. Spanische Conquistadoren, die die Pueblos entdeckten, nannten sie »Republiken«. Die Pueblos erhielten von der spanischen Krone eigenes Land, das ihnen von der US-amerikanischen Regierung in den meisten Fällen noch heute zugestanden wird. Pueblos sind daher keine Reservationen. Ihre Einwohnerzahl schwankt zwischen etwa 250 (Picuris) und annähernd 10000 (Zuni; Hopi-Städte zusammengezählt). Von den um 1560 bestehenden ca. 80 bis 100 Pueblos haben sich bis heute 20 erhalten.

Recht: Inbegriff von Normen (siehe Norm), die vermöge einer nichtspirituellen Autorität gelten und Sanktionen im Gefolge haben, beides mit dem Ziel der Gerechtigkeit.

Rechtssicherheit: Grundsatz, der den Zustand beschreibt, daß Recht durchgesetzt werden kann und dann auch auf Dauer beachtet werden muß. Die Rechtssicherheit erfordert, daß einem letztinstanzlichen Urteil gefolgt wird und der Fall nicht immer wieder von neuem aufgerollt werden kann. Die Rechtssicherheit kann also mit der materiellen Gerechtigkeit in Konflikt geraten. Letztlich folgt die Rechtssicherheit aber auch aus dem Gebot der Gerechtigkeit, wenn man den Zeitfaktor miteinbezieht.

Rechtsstaat: Staatsform, in der dem einzelnen durchsetzbare Rechte gegen Mitbürger und gegen den Staat selbst zustehen. Der Rechtsstaat setzt daher die Anerkennung eines Mindestmaßes von Wertepluralität voraus (siehe Wert, Grundrechte) sowie die Grundrechte freier Meinungsbildung, Meinungsäußerung und Religionsausübung. Die Gewährung privat durchsetzbarer Rechte schließt weiterhin den Zugang zu Gerichten und zu einer unabhängigen Rechtsanwaltschaft ein. Im Rechtsstaat verdienen auch Minderheiten und die politische Minderheit im Parlament als solche den Schutz ihrer Rechte und gleicher politischer Chancen.

Regionalismus: Zusammenfassung politischer Einheiten zu größeren »Regionen«. Technisch bedeutet Regionalismus in der internationalen Politik die Bildung von Einheiten wie Europäische Gemeinschaft, nordamerikanische Freihandelszone bestehend aus USA, Kanada und Mexiko (NAFTA), NATO, GUS (Gemeinschaft unabhängiger Staaten auf dem Gebiet der ehemaligen Sowjetunion) usw.

Religion: Sanktionsfreie spirituelle Autorität. Es lassen sich zahlreiche unterschiedliche Religionsbegriffe aufstellen, je nachdem ob man bei heiligen Gefühlen, einer gefühlsmäßigen Projektion auf ferne Gegebenheiten, einer innerlichen Gebundenheit des Menschen an eine Autorität, einem bloßen Bezug auf Natur, einem Glaubensinhalt oder bei anderen Kriterien ansetzt.

Republik: Lateinisch: res publica = öffentliche Angelegenheit, öffentliche Sache, Gemeinwesen. Begrifflich das Gegenteil von res privata = private Angelegenheit, private Sphäre, häuslicher Umkreis. Der Gegensatz von res publica und res privata geht zurück auf die Unterscheidung von polis und oikos in den von Thukydides in der »Geschichte des Peloponnesischen Krieges« berichteten Reden des Perikles an die Athener Bürger. Die Reden sind, obzwar wörtlich berichtet, wohl Erfindungen des Thukydides. Der Denkweise des Perikles dürften sie gleichwohl weithin entsprochen haben. Sinn der Unterscheidung ist, daß ein Gemeinwesen nur erfolgreich bestehen kann, wenn es die private Sphäre gibt, und daß die private Sphäre des einzelnen nur in einem Gemeinwesen nach Art des demokratischen Stadtstaats (polis) ausreichenden Schutz genießt. Staaten, die eine gegen den Zugriff des Gemeinwesens geschützte private Sphäre (res privata) nicht gelten lassen wollen (wie im Marxismus), benutzen daher für sich die Kennzeichnung als Republik zu Unrecht. Heute dient das Wort Republik oft zur Kennzeichnung von Staaten ohne regierende Fürstenhäuser.

Reservation: Einem oder mehreren Indianerstämmen zugestandenes Treuhandgebiet der US-Regierung. Vgl. auch Pueblo.

Revolution: Politische Aktion gegen bestehendes Verfassungsrecht.

Reziprozität: In einigen Sozialwissenschaften (Anthropologie, Ethnologie, Völkerrecht usw.) verwendeter Begriff zur Kennzeichnung von Austauschbeziehungen: wie du mir, so ich dir, im Guten wie im Bösen. Auf dem Gedanken der Reziprozität beruht das Talion: »Auge um Auge, Zahn um Zahn«. Aus reziprokem Verhalten können sich Märkte entwickeln.

Sanktionen: Die Zufügung wirtschaftlicher, körperlicher oder die freie Aufenthaltsbestimmung der Menschen betreffender Nachteile. Wenn von Autorität getragen, konstituierendes Merkmal für den Begriff des Rechts in anthropologischer Sicht.

Sekte: Religionsrichtung, welche die Hauptmerkmale einer bestimmten Religion anerkennt, ihnen aber Merkmale aus anderen Religionen beimischt. Man spricht demzufolge von christlichen Sekten, islamischen Sekten, buddhistischen Sekten usw. Beispiele: der Sufi-Islam verbindet die Grundsätze des Islam mit gnostisch-mystischen Elementen.

Selbstbestimmungsrecht: Recht aller Völker, frei über ihren politischen Status zu entscheiden und in Freiheit ihre wirtschaftliche, soziale und kulturelle Entwicklung zu gestalten. Niedergelegt in Art. 1 Abs. 1 der Pakte über bürgerliche und politische Rechte und über wirtschaftliche, soziale und kulturelle Rechte vom 19. Dezember 1966, verhandelt und beschlossen durch die UNO und von den meisten Unterzeichnerstaaten in nationales Recht übernommen. Strittig ist, ob das Volk dabei selbst gefragt werden muß oder ob Staatsorgane, die vorgeben, die Meinung des Volkes zu wissen, das Selbstbestimmungsrecht ausüben können (so der Standpunkt einiger sozialistischer Länder).

Souveränität: Eigenschaft von Staaten, im internationalen Bereich privatautonom zu entscheiden (siehe Privatautonomie). Souverän sein bedeutet, keinen politischen Herren über sich zu haben. Das schließt völkerrechtliche Bindungen zwischen souveränen Staaten nicht aus. Die Definition von Carl Schmitt: »Souverän ist, wer über den Ausnahmezustand entscheidet«, vermischt internationale und staatsrechtliche Betrachtung auf unzulässige Weise. International kann man vom Ausnahmezustand nicht sprechen. Nach innen, also staatsrechtlich, kann Ausnahmezustand wiederum verschiedenes bedeuten, z. B. einen von der Verfassung vorgesehenen oder nicht vorgesehenen Zustand. Staatsrechtlich spricht man besser vom Gewaltmonopol des Staates, nicht von Souveränität.

sozial: Menschliche Beziehung, von ego aus betrachtet. Beispiel: Freundeskreis. Gegenbegriff (in der Anthropologie): sozietär.

Soziale Marktwirtschaft: Marktwirtschaft (siehe dort), die durch Beachtung bestimmter Regeln des Rechts dafür sorgt, daß die Verteilungsfunktionen über den Wettbewerb auf Dauer bestehen bleiben.

Die soziale Marktwirtschaft schließt die bewußte Schaffung von funktionierenden Wettbewerbsverhältnissen, ihren Schutz vor Verfälschungen (insb. durch Kartelle und Monopole) und ggf. hoheitliche Maßnahmen ein, durch welche Wettbewerbsdefizite künstlich ausgeglichen werden (Bewirtschaftung, Entwicklungswirtschaft, Herstellung von Als-ob-Wettbewerbsbedingungen, Sicherung gegen wirtschaftliche Not, Umverteilung von Gewinnen usw.).

Sozialismus: Siehe Marxismus. Als »sozial«, nicht aber als »sozialistisch« wird die Verwendung des Wettbewerbs zu Rechtsbedingungen bezeichnet, die den funktionierenden Wettbewerb als sozialsten Verteiler der knappen Güter an den Ort des Bedarfs anerkennt (siehe soziale Marktwirtschaft).

Sozialistische Länder: Siehe D-Gruppe.

Sozialstaat: Staat, der sich die sozialen Belange seiner Bürger als politisches Ziel mit Verfassungsrang gewählt hat.

sozietär: Menschliche Beziehung innerhalb menschlicher Gruppen, von einem objektiven Standpunkt, nicht von ego aus betrachtet. Beispiel: Altersgruppe. Gegenbegriff (in der Anthropologie): sozial.

Soziologie: Sozialwissenschaft zur Erforschung der gesellschaftlichen Zusammenhänge, in denen der Mensch lebt.

Staat: Rechtlich organisicrtc Wirkungseinheit zu hoheitlicher Regelung von Verhalten, gestützt auf ein Staatsvolk, ein Staatsgebiet und eine Staatsgewalt. Eine Form der Ausübung hoheitlicher Autorität unter mehreren. Staatslose Gesellschaften, wie manche Stammeskulturen (siehe dort) sind nicht führerlos, sondern haben ebenfalls rechtlich eingesetzte Autoritäten. Autoritätslose Gesellschaften gibt es nur unter den Bedingungen der Anarchie (siehe dort), die aber regelmäßig nach schon kurzer Zeit zur Einrichtung einer Diktatur führt (siehe dort).

Staatenbund: Völkerrechtlicher Zusammenschluß souveräner Staaten. Beispiele: Europarat, UNO, NATO. Organe eines Staatenbundes bestehen aus Vertretern der Mitgliedstaaten. Beschlüsse von Organen eines Staatenbundes richten sich nur an die Mitgliedstaaten. Gegenbegriff: Bundesstaat.

Staatsgewalt: Hoheitliche Gewalt, ausgeübt durch den Staat (siehe dort).

Staatsraison: Auffassung vom Staat, die dem Staat als solchem eigene schutzwürdige Interessen zuordnet, losgelöst von den Interessen des Staatsvolkes.

Stände: Personenmehrheiten gemäß der Auffassung insb. des Mittelalters und der frühen Neuzeit, daß bestimmte Angehörige der Bevölkerung zu Gruppen mit eigenem Rechtsstatus zusammengefügt werden sollten: Kaufmannsstand, Adelsstand, Juristenstand, geistlicher Stand usw. Unverträglich mit dem Gleichberechtigungsgrundsatz von Art. 3 GG.

Stammeskulturen: Ethnien (Völker), die vorwiegend nach Stämmen geordnet sind, z. B. die Navajo, Apachen, Ashanti, Nuer, Andamaner, Walbiri usw. Gegenstand ethnologischer Forschung. Die Interessen und Lebensrechte der Stammeskulturen werden in der heutigen Welt vielfach mißachtet. Unter anderem bemühen sich der Wirtschafts- und Sozialrat (ECOSOC) der UNO, die Gesellschaft für bedrohte Völker und andere Organisationen um die Wahrnehmung dieser Belange. Das wichtigste Problem ist die Erhaltung der Identität der jeweiligen Kultur.

Theokratie: Staatsform, in welcher die Verwalter einer mono- oder polytheistischen Religion den entscheidenden Einfluß auf die Staatswillensbildung haben. Beispiele: Römisches Reich unter Konstantin dem Großen (Regierungszeit 325–337); es war gegründet auf das politische Dogma, daß der Kaiser als Stellvertreter Christi Herr des Staates wie der Kirche ist; Beginn des Byzantinismus; Konstantin wird als »Dreizehnter Apostel« begraben.

Totalitarismus: Gesellschaftsform, in der nur bestimmte Bewußtseinsinhalte zu öffentlicher Äußerung zugelassen werden; geistige Gängelung durch die politische Führung. Gegenteil: Pluralismus, von Friedrich Schiller in »Don Carlos« als »Gedankenfreiheit« bezeichnet.

Tyrannei, tyrannis: Willkürherrschaft eines einzelnen; siehe Demokratie.

Umwelt: Die den Menschen umgebenden natürlichen Lebensbedingungen in Raum und Zeit. Als notwendige, aber nicht hinreichende Bedingung (auch) für den Markt vom Grundsatz her der Regelung über den Markt entzogen. Das schließt Marktimitationen zum Schutze der Umwelt (z. B. Abgaskonzessionen) nicht aus. Jedoch ist grundsätzlich zwischen einem Marktwirtschaftsrecht und einem Nichtmarktwirtschaftsrecht (mit dem Beispiel Umweltwirtschaftsrecht) zu unterscheiden. Beide Bereiche bedürfen des Ausgleichs. Gerade dem Umweltschutz kommt dabei häufig die Bedeutung zu, Rahmenbedingungen für den Markt zu setzen. Ein Problem des Umweltschutzes stellt die Frage dar, welche Natur geschützt werden soll, die unverfälschte oder die vom Menschen schon veränderte.

Umweltsoziale Marktwirtschaft: Soziale Marktwirtschaft (siehe dort), die zu den Voraussetzungen der sozialen Marktwirtschaft den Schutz der Umwelt zählt.

Utopie: Griechisch = ohne Ort, von topos = Ort, und ou = nicht. Ein Zustand, der so, wie er beschrieben wird, nirgends besteht, der aber der Wirklichkeit kritisch entgegengehalten werden soll. Verfasser berühmter Utopien sind Platon, Thomas Morus und Jean-Jacques Rousseau. Der Begriff der »konkreten Utopie« von Ernst Bloch will die diesseitige Eschatologie des Marxismus beschreiben.

Vereinte Nationen: 1945 gegründeter völkerrechtlicher Zusammenschluß der meisten Nationen dieser Welt. Ziele der Organisation sind die Friedenssicherung und die internationale Zusammenarbeit. Die Vereinten Nationen (United Nations Organization, UNO) sind kein Bundesstaat, verfügen daher über keine Staatsorgane und sind auch nicht demokratisch legitimiert. Beschlüsse der Vollversammlung haben daher nur empfehlenden Charakter (Art. 10 UNO-Satzung). Die Angehörigen der UNO-Verwaltung werden von den Regierungen der nationalen Staaten entsandt, nicht von den Völkern. Abstimmungsverhältnisse in der UNO geben daher nicht den Willen des »Weltvolkes« wieder. Als Instrument der Friedenssicherung und der internationalen Verständigung hat sich die UNO bewährt, besser als ihr Vorgänger, der Völkerbund (1918–1945).

Verfassung: Staatsgrundgesetz, in dem die wichtigsten Bedingungen für das Tätigwerden staatlicher Organe und die Grundsätze des staatlichen Zusammenlebens geregelt sind. Häufig, aber nicht immer schriftlich niedergelegt. Über keine geschriebene Verfassung verfügt z. B. Großbritannien.

Veröffentlichte Meinung: In Medien ohne Rücksicht auf empirische Ermittlung der öffentlichen Meinung vertretene Meinung.

Vertragstheorie: Theorie, daß das menschliche Gemeinwesen auf einem Vertrag der Menschen untereinander beruht: Gesellschafts-, Gesellungsvertrag, contrat sociale (siehe dort).

Volk: In anthropologischer Terminologie eine größere Gemeinschaft von Menschen, ausgezeichnet durch eine gemeinsame Sprache oder Kernsprache, eine gemeinsame Geschichte, von grundsätzlich phänotypischer Einheit, zusammengefaßt durch einen gemeinsamen Namen, sowie häufig – aber nicht immer – ein gemeinsames Gebiet.

Volksdemokratie: Bezeichnung sozialistischer Länder für den von ihnen vertretenen Typ der »Demokratie«. In den sozialistischen Ländern regieren »Einheitsparteien«, letztlich also Diktatoren oder parteiinterne Oligarchien, z. B. das Politbüro. Es handelt sich also nicht um Demokratien. Um dies zu verschleiern, wurde der sprachlich unsinnige Begriff der Volksdemokratie geprägt, der wörtlich übersetzt bedeutet: Herrschaft des Volksvolks. Im internationalen Kontakt, z. B. auf UNO-Ebene, ermöglichte es der Begriff der Volksdemokratie den sozialistischen Ländern jedoch zu behaupten, auch sie seien »Demokratien«. Dies zwang die »westlichen« Demokratien, in denen die Staatsgewalt vom Volk ausgeht und in denen rechtsstaatliche Verhältnisse (siehe: Rechtsstaat) herrschen, sich selbst »Grundrechtsdemokratien« zu nennen (Rule of Law democracy).

Volksgeist: Von der Historischen Rechtsschule (Friedrich Carl von Savigny u. a.) in der ersten Hälfte des 19. Jh. entwickelter Begriff zur Beschreibung der nationalen Denkart, auf die z. B. bestimmte Rechtsgrundsätze zurückzuführen sind.

Weltanschauung (world view): Menschliche Sichtweise mit Bezug auf Zusammenhänge des Lebens. E. Adamson Hoebel definiert world view im Anschluß an Robert Redfield als »the life scene as people look out upon it«. (E. A. Hoebel, Anthropology: The Study of Man, 4. Aufl. New York usw. 1972, S. 542) E. A. Hoebel verwendet die Ausdrücke Weltanschauung und world view gleichbedeutend.

Weltregierung: Bisher utopische Vorstellung von einem demokratischen System mit weltweiter Anwendung. Hauptschwierigkeit auf dem Wege zu einer Weltregierung ist die ungleiche Zahl der Bevölkerungen der verschiedenen Nationen. In einer nach Köpfen demokratisch gebildeten Weltregierung würden Chinesen und Inder alles bestimmen, Österreicher und Schweizer hätten praktisch nichts mehr zu sagen.

Wert: Menschliche Leitvorstellung. Der Idealismus postuliert die Existenz objektiv vorhandener Werte, auch wenn man sie nicht voll erkennen kann. Subjektivistische Auffassungen erblicken in Werten und Wertvorstellungen ein persönliches Dafürhalten (Präferenzen). Der objektive Wertbegriff spielt eine Rolle vor allem in Religion und Philosophie, der subjektive vor allem in den Wirtschaftswissenschaften. Die Rechtswissenschaft muß mit beiden arbeiten.

Wertfähigkeit der Person: Siehe Menschenwürde.

Wettbewerb (= Konkurrenz): Marktform, in der sich zumindest zwei als Rivalen um Kontakt mit einem Dritten bemühen. Der Dritte kann Nachfrager (dann Angebotswettbewerb) oder Anbieter (dann Nachfragewettbewerb) sein. Die Rivalität besteht nur, wenn das Handeln des einen dem andern zum Nachteil gereichen kann. Der andere wird dann reagieren (praktischer, funktionsfähiger Wettbewerb). Bekommt der eine die wettbewerblichen Aktivitäten des anderen zu spüren, kann er aber – etwa weil er wirtschaftlich zu unbedeutend ist – nicht reagieren, spricht man von Wettbewerbsdruck oder vollständigem Wettbewerb (Walter Eucken). Sind die Wettbewerber so klein und die Marktbedingungen im übrigen so beschaffen, daß kein Wettbewerber den anderen beeinflussen kann, wettbewerbliche Reaktionen also in keiner Richtung geschehen, spricht man vom vollkommenen Wettbewerb (perfect competition). Unter den Bedingungen des vollkommenen Wettbewerbs findet also Wettbewerb nicht statt. Trotz der augenscheinlichen Widersprüchlichkeit von Ausdrucksweise und empirischer Beobachtung werden die Ausdrücke vollständiger und vollkommener Wettbewerb weitergeschleppt. Der vollkommene Wettbewerb ist für viele Wirtschaftstheoreme von Bedeutung, z. B. für das Coase-Theorem. Es ist für die ökonomische Analyse des Rechts bisher zentral.

Wettbewerbsrecht: Umfaßt im weiteren Sinne das Recht der Wettbewerbsbeschränkungen und das Recht des unlauteren Wettbewerbs. Im engeren Sinne ist Wettbewerbsrecht gleichbedeutend mit dem Recht des unlauteren Wettbewerbs.

Widerstandsrecht: Das Recht aller Bürger oder – historisch – in bestimmter Weise gekennzeichneter Rechtsunterworfener (z. B. Stände, Geistlichkeit, ordines), einem als ungerecht empfundenen König, Fürsten oder sonstigen Herrscher den Gehorsam zu versagen oder gegen ihn aktiv, notfalls mit Gewalt, vorzugehen. Moderne Verfassungen sehen gelegentlich ein Widerstandsrecht unter bestimmten

Bedingungen ausdrücklich vor. Ein außerhalb der Verfassung ausgeübtes Widerstandsrecht bedeutet in aller Regel eine revolutionäre Handlung (siehe Revolution).

Wirtschaftsfreiheit: Freiheit (siehe dort), angewandt auf das Wirtschaftsleben; umfaßt die Freiheit wirtschaftlicher Entfaltung und die Freiheit, sich aus selbst gesuchten Quellen und zu selbst gesetzten Bedingungen zu versorgen. Entfaltungs- und Versorgungsfreiheit bedürfen des Ausgleichs.

Wohlfahrtsstaat: Staatswesen, das sich nicht nur um die Verwaltung des Notwendigen, insb. um die Aufrechterhaltung von Ruhe und Ordnung im Gemeinwesen kümmert, sondern auch um die wirtschaftliche und persönliche Wohlfahrt der Bürger: Daseinsvorsorge. Gegenbegriff: Nachtwächterstaat.

world view: Siehe Weltanschauung.

Zivilisation: (mehrdeutige) Bezeichnung für die menschliche Gesellschaft. Der Ausdruck kann etwas Beifälliges an sich tragen (»ein zivilisierter Mensch«) oder etwas Abfälliges (»Zivilisationskrankheit«). Zweckmäßig gebraucht man in der anthropologischen Ausdrucksweise das Wort Zivilisation als diejenige Form von Kultur, in der man von Bürgern (civis) und Städten (civitates) sprechen kann, also für eine Kulturstufe, in der zwischen Stadt und Umland eine gewisse Arbeitsteilung eingetreten ist (V. Gordon Childe: urban revolution).

zoon politikon: Kennzeichnung des Menschen durch Aristoteles: politisch begabtes Lebewesen.

Zwei-Reiche-Lehre (Zwei-Regimenten-Lehre): Siehe Civitas Dei.

Zwei-Werte-Lehre: Von dem ersten Theoretiker der anglikanischen Kirche Richard Hooker (1546–1600) aufgestellte Lehre vom politischen Verhalten der Christen. Nach Hooker gibt es Tageswerte, die sich zur Entscheidung in Räten und Parlamenten eignen. Ihnen gegenüber stehen Grundwerte (things upon we rest), die dem Wesen des Christentums zu entnehmen sind und über die weder der König noch die offizielle Kirche, noch die Mehrheit in den Räten und Parlamenten verfügen kann. Über Edward Coke und John Locke wurde Hookers Zwei-Werte-Lehre zur Grundlage der modernen Grundrechtsdemokratie. Gegenbegriff zur Zwei-Werte-Lehre: Zwei-Reiche-Lehre (siehe dort).

Anmerkungen

1 Pospíšil (1982), 73 mit Zitat aus dem Buch von Kluckhohn/Leighton (1947), 71 über die Navajo-Indianer; zu anderen Stämmen, die ihre Konflikte nach dem Konsensprinzip regeln, Wesel 331 ff. In qualifizierter Form findet sich das Konsensprinzip im Bund der Irokesen: Die Vertreter aller fünf im Bund vereinigten Stämme müssen sich grundsätzlich einig sein (Fenton [1968], 30ff., mit den ausnahmsweise vorgesehenen Stichentscheidregeln). In Polen galt seit 1572 grundsätzlich das Konsensprinzip im Staatsrat; d. h., jeder Vertreter des Adels hatte das sog. *liberum veto* und damit die Möglichkeit, eine Entscheidung zu verhindern.

2 Pospíšil (1982), 94 zum Kapauku-*tonowi*.

3 Es war E. E. Evans-Pritchard (1940), 166, 181 ff., 196, der den Zusammenhang von Bruderschaft (182: »my mother's sons«), d. h. Verwandtschaftsordnung (kinship), und der (von ihm so genannten) segmentierten Gesellschaft der Nuer erkannte. Zur Allgemeingültigkeit der Verwendung von Verwandtschaftsvorbildern für das Selbstverständnis von Sozialordnungen in Stammesgesellschaften Cooter/Fikentscher (1992), 46ff. Auch die 1,2 Milliarden Chinesen in der VR China verstehen sich als »Familie des Landes« (guo jia) mit dem Zentralratsvorsitzenden (früher Kaiser) als »Vater«.

4 Das Übersummenprinzip besagt: »Das Ganze ist mehr als die Summe seiner Teile.« (Das Problem liegt im Ausdruck »mehr«). Näher Fikentscher 1975, 107 f., 124 f.; 1977, 439, 517 f.

5 Die Moiety, von französisch moitié, ist ein Halbstamm. Ist ein Stamm in Moieties geteilt, gilt z. B., daß der Ehepartner stets aus der anderen Stammeshälfte gewählt werden muß, daß jede Moiety eine Mannschaft für zeremoniell veranstaltete Wettläufe stellt oder daß – wie bei den Tewa – die Stammesführung zwischen den Moieties jährlich zweimal wechselt. Die Moiety-Dualität bedeutet nicht notwendig demokratische Sozialordnung. Moiety-Dualität ist nicht häufig und duale Demokratie selten und noch kaum erforscht.

6 Vgl. Ortiz (1969).

7 Oder Körperschaft. Immer noch führende Darstellung: Otto von Gierke (1868–1913).

8 Siehe z. B. die Reden des Perikles bei Thukydides, in Landmann (1976), Vretska (1966/1970) oder Jones/Powell (1963), Buch II, 13 (1. Rede), 35–46 (2. Rede), und 59–64 (3. Rede).

9 Willoweit § 7 I 1, 4; zu den Franken insb. Willoweit § 5 I 1–4.

10 Siehe die Beiträge in Peter Landau/Hermann Nehlsen/Dietmar Willoweit, Heinrich Mitteis nach hundert Jahren (1889–1989), Bayerische Akademie der Wissenschaften, phil.-hist. Klasse, Abhandlungen, Neue Folge Heft 106, München 1991: Verlag der Bayerischen Akademie der Wissenschaften in Kommission bei der C. H. Beck'schen Verlagsbuchhandlung München, z. B. S. 13, 21 (Diestelkamp in Auseinandersetzung mit Heinrich Mitteis, Lehnrecht und Staatsgewalt, 1933); 45f. (K. F. Werner), 61ff. (P. R. Hyams). Zum fränkischen Feudalismus als Rechtsverbund zwischen den Vasallen sowie zwischen ihrer Versammlung und dem Lord z. B. Rushton Coulborn (Hrsg.) (1956), Feudalism in History (ed. by Rushton Coulborn with contrib. by Joseph R. Strayer et. al., Foreword by A. L. Kroeber), Princeton.

11 Näher Fikentscher (1977), § 34: »Umsetzung« der Reformation in politische Ordnung.

12 Das ist der Grund, warum in ihr das Recht eine so große Rolle spielt: Das Legitimationsdefizit gegenüber der Konsens- und der dualen Demokratie bedarf des Ausgleichs durch rechtliche Ansprüche, namentlich der Minderheiten (s. u. Kap. 3).

13 Wohl darauf ist die Labilität der attischen Demokratie zurückzuführen. Sie war nicht länger als 150 Jahre funktionstüchtig.

14 Stourzh (1989), XII, Anm. 2, im Anschluß an Fikentscher (1977), 510, 615ff.

15 Darauf beruht das Vetorecht des US-amerikanischen Präsidenten gegen Gesetze des Kongresses. Von manchen amerikanischen Verfassungstheoretikern wird dieses schwerfällige Verfahren als nicht mehr zeitgemäß empfunden. Allgemein zu Demokratie und Repräsentation Böckenförde (1983, 1987, 1991).

16 Das wird vom derzeitigen russischen Staatspräsidenten Boris Jelzin, der die Form der Präsidialdemokratie bevorzugt, falsch gesehen. Wäre Jelzin Vorsitzender der stärksten Partei im Parlament, wären seine Gegner maximal so stark wie das *halbe* Parlament. Als außerhalb der Parteien stehender Präsident bestehen seine Gegner maximal aus dem *ganzen* Parlament. Kulturell ist die Entscheidung für das Präsidialsystem freilich auf dem Hintergrund des slawischen Begriffs der *samoderžavie* (= »Selbstherrschaft«, Autokratie) zu erklären, die ihrerseits nur die säkularisierte Form der Pantokratievorstellung von Christus als dem alleinigen Weltenherrscher darstellt: Die typische russi-

sche Kirche ist keine Gemeindekirche, sondern sie gliedert sich um eine Kuppel, aus der der Pantokrator, der Allesherrscher – ausschließlich vertikal – herabblickt. »In seinen Göttern malt sich der Mensch« (Goethe). Mit der Tartarenherrschaft (1240–1480) verschwanden die letzten normannischen korporativen Traditionen, z. B. der parallel auf den Marktplätzen abgehaltenen Adels- und Bürgerversammlungen in den von Skandinaviern gegründeten Warägerstädten Nowgorod und Pskow (Pleskau). Nach der Tartarenzeit gab es nur noch irdische »Pantokratoren«, die die *samoderžavie* beanspruchten: Die Zaren, Lenin, Stalin und deren Nachfolger. Auch Gorbachov und Jelzin fanden bis jetzt keinen gedanklichen Zugang zum horizontal organisierten politischen Dialog innerhalb einer Korporation mit Organen.

17 Schelsky (1973).

18 Auch historisch stand am Anfang der modernen Demokratie nicht das Mehrheitsprinzip, sondern die Grundrechtsverbürgung. Erst später setzte sich der Mehrheitsgrundsatz durch, Fikentscher (1977), 536ff., 567ff., 573 Anm. 470, 619ff. Anders die allg. Meinung.

19 Das in Attika gelegene Athen verstand sich im 5. und 4. Jahrhundert vor Chr. als das Zentrum einer auf Gemeinsinn gegründeten individuellen Entfaltung; s. o. Anm. 8, sowie Fikentscher (1993b).

20 Zur Sophistik siehe z. B. Capelle (1968), 317–392. Die Götterhimmel-Religion in den griechischen Stadtstaaten hatte für die Begründung der Demokratie wenig Bedeutung (Fikentscher 1975, 235ff. m. w. N.; 1993b, mit Beispielen zur radikalen Diesseitigkeit der Demokratie-Auffassung bei Perikles–Thukydides). Im Gegenteil: Die Schlacht von Marathon gegen die überlegenen Perser wurde gewagt und gewonnen *gegen* den Rat des delphischen Orakels, wohl aber aufgrund demokratisch zustandegekommener Entscheidung.

21 Dies ist der Einsatzpunkt der gegen die Sophistik gerichteten Philosophie des Sokrates (Plato), die absolute Ideen postuliert, denen man sich im Dialog über sie nähern kann.

22 Man wird nicht annehmen dürfen, daß der Frankenfürst Chlodwig bei seinem Übertritt zum Christentum im Jahr 506 n. Chr. diese Zusammenhänge durchschaute. Unbestritten aber strebte Chlodwig durch seine Entscheidung für das Christentum eine Stabilisierung der Frankenherrschaft in Gallien an, vgl. Willoweit (1990), §5 I 1, §7 I 1. Chlodwig gelang im kleinen, was im großen von Jahrhunderte überdauernder Bedeutung wurde.

23 New York Times vom 22. Februar 1992, S. 1–14. Wegen seines für dieses Mißverständnis typischen Inhalts folgt der Leserbrief hier im Wortlaut: »Bolivia Knows What Free Market Means To the Editor:

La Paz, the Bolivian capital, has been rattled by almost daily demonstrations against privatizing state-owned industries. As workers march and chant, downtown traffic grinds to a halt and tear gas fills the Plaza Murillo, where politicians inside heavily guarded Government buildings passionately debate the issue.

The Government, under President Jaime Paz Zamora of the leftist Movimiento Izquierda Revolucionario, wants to denationalize everything from airlines to mines and telephone networks to promote foreign investment. Many voters who put him in office in 1989 view this as a betrayal.

In Bolivia, and countries with similar experiences, the move to privatize may be premature. Bolivians are loath to join the tide toward a free-market system that has swept Eastern Europe. It is among the countries where memories of capitalism at its most exploitative are fresh. This year, Bolivia celebrates only the 40th anniversary of the revolution that quashed a malignant oligarchy where private enterprise was the disease and nationalization was the cure. Half of the thousands I saw at one demonstration were old enough to remember life under regimes that answered to a few powerful families of European origin (called criollos), who kept the majority Indian population shackled to a lifetime of indentured servitude and despair.

Typical of the hated magnates was Simon Ituri Patino, who monopolized tin production for decades before 1952. The fortune he amassed made him, by some accounts, one of the world's 10 wealthiest men. He kept miners on starvation wages and answered reform attempts with force.

On my visit to the silver mines of Potosi, my guide said eight million died here at the hands of colonial Spaniards and their descendants, who took control of Bolivia's mineral wealth after the 1826 liberation.

Working conditions in the liberated mines are appalling. Wages are about $2 a day, and unemployment is high. Some 20000 lost their jobs never to recover them after the 1985 crash in the tin market. Silicosis, a job-related lung disease, is rampant. But the miners have minimal protections under the system of private cooperatives and state-run facilities. What ore they find is theirs to sell and not to be given away at the point of a gun.

Thus Bolivians look upon the worldwide movement toward

free-market economies with suspicion. The national memory equates private enterprise with unspeakable suffering.

Bolivia is not alone. Its neighbors have similarly dark recollections of a free market at its most wanton. It was only in 1964 that Ecuador shed the dreaded »wasipungo« system – forced Indian labor, with the United Fruit Company of Boston acting as overseer. Those who have survived its worst transgressions know that a free market is often free in name only.

Gary D. Rosenberger
New York, Feb. 5, 1992

The writer is a former U. P. I. reporter and frequent South American visitor.«

24 Heinemann (1989), 102ff., im Anschluß an Fikentscher (1958), 17; ferner Fikentscher (1991), 14f.

25 Zur wehrhaften Demokratie z. B. Hesse (1991), 272–301; Stern (1984), 176f.; Bulla (1973), 340ff.

26 Zum Schutz der Minderheiten, und damit auch ethnischer Gruppen, unter Kap. 3. Der Krieg in Bosnien brach im Frühjar 1992 aus, nachdem die EG Wahlen verlangt hatte und die Serben aufgrund der Wahlergebnisse glaubten, als Minderheit behandelt zu werden. Die anthropologische Voraussetzung, sich das ganze mehr als die Summe der Teile vorstellen zu können (d. h. als Genossenschaft) fehlte bei Serben, Kroaten und Bosniern. Man darf den notwendigen Schutz ethnischer Gruppen nicht als »Tribalismus« oder als »rückständig« diffamieren. Tribalismus, auf horizontaler Ebene demokratisch organisiert, ist gesunder Stammesföderalismus. Der Bund der Irokesen ist ein Beispiel, s. oben Anm. 1 und Fenton (1968). Stammesföderalismus geht über Minderheitenschutz noch hinaus.

27 Darum bestimmt Art. 38 I 2 des deutschen Grundgesetzes, daß die Abgeordneten, Vertreter des ganzen Volkes, an Aufträge und Weisungen nicht gebunden und nur ihrem Gewissen unterworfen sind.

28 Eine unsinnige Wortbildung, die übersetzt »Herrschaft des Volksvolkes« bedeutet.

29 Z. B. findet es sich auch in Art. 3b II EG-Vertrag in der Fassung des Maastricher Vertrags. Siehe schon Art. 130r IV EWG-Vertrag. Falsch wäre es, das Subsidiaritätsprinzip nach Effizienzkriterien zu definieren. Die größeren Einheiten werden in der Regel effizienter sein als die kleinen. Es geht beim Subsidiaritätsprinzip aber nicht um Effizienz, sondern um Legitimität. Aus dem Schrifttum: Heintzen (1991), 317; Mecking (1991), 196; Constantinesco (1991), 561.

30 Tacitus, Germania, Kap. 11 a. E., Kap. 12 und Kap. 22.
31 Vorwiegend gilt dort das Konsensprinzip, s. oben Anm. 1.
32 Hooker, 1. Buch, X 8. Dazu Michaelis (1933), 75.
33 »The experts are the people«, Zeitungsnachricht.
34 »In this country, everyone has a constitutional right to make a fool out of himself« (persönl. Mitteilung von Ludwig Hamburger). Der Sinn dieses »Grundrechts auf Dummheit und Faulheit« ist natürlich nicht, eine Prämie auf Unsinn und Nichtstun zu setzen, sondern daran zu erinnern, daß niemand in der Demokratie das Recht hat, bei der politischen Meinungsbildung über Wissen und geistigen Aufwand eines anderen zu Gericht zu sitzen. Nur so kann der freie Meinungsmarkt bestehen.
35 Ausführliche Belege in Fikentscher (1977), 411–429.
36 Die parlamentarische Opposition ist also der Gesprächspartner der Regierungsparteien zum Zwecke der Durchführung des politischen Dialogs, der Entscheidungen vorangeht. Das folgt aus dem der Demokratie zugrundeliegenden kritischen Wahrheitsverständnis. Es geht in der Demokratie nicht um *Prawda* (= Wahrheit), sondern um die *Frage nach Prawda*. Falsch wäre es, die Opposition als diejenigen Abgeordneten zu verstehen, die vier Jahre lang den Mund zu halten haben.
37 Weil die Parteien nicht – *bilateral* – gegeneinander kämpfen, sondern sich – in einem *Dreiecks*verhältnis – im Wettbewerb um den Wähler bemühen.
38 Wenn eine Partei im Kompromißwege ihre Meinung zu einem bestimmten Punkt ändert, ist ihr in der deutschen Presse das Schmähwort sicher, sie sei »umgefallen«. Sehr zu Unrecht. Sich auf einen Kompromiß zu einigen sollte als ehrenhaftes und vorbildliches Verhalten gewürdigt werden. Daß der Kompromiß eine Tugend darstellt, ist der deutschen öffentlichen Meinung und auch den christlichen Kirchen fremd.
39 Bekanntes Beispiel aus der Rechtsanthropologie: Der »Oraibisplit« der Hopi im Jahr 1906; siehe z. B. Waters (1963), 301 ff.
40 Mitträger bei den Keresan-, Hauptträger bei den Tewa-sprechenden Pueblo-Indianern New Mexicos.
41 Auf das für jede moderne Demokratie wichtige Problem der Parteienfinanzierung kann hier nicht eingegangen werden. Für Deutschland siehe §§ 18 ff. Parteiengesetz v. 15.2.1984.
42 Das läßt sich nur mit großer Unbestimmtheit sagen, und oft kehrt sich das Verhältnis »fortschrittlich« – »bewahrend« um: Die traditionell dem Fortschritt verpflichtete deutsche SPD steht der Bewahrung der Umwelt und der Landschafts- und Städtebilder näher als die traditionell konservative CDU/CSU, die auf die

Umwelt im Interesse des Wirtschaftsfortschritts weniger Rücksicht zu nehmen bereit ist, z. B. bei der Anwendung des Bauerleichterungsgesetzes vom 17.5.1990 (BGBl. I 926).

43 Beispiele: WAV, DP, NDP, KP-Marxisten, »Graue Panther« usw.

44 Davon macht die internationale Presse zu wenig Gebrauch. Siegbert Alber, MdEP, und der Autor dieses Buches haben nach 1966 versucht, in der baden-württembergischen CDU für den Gedanken der Vorauswahlen zu werben, mit Teilerfolgen bei der Jungen Union. Hätte man nach der deutschen Wiedervereinigung in den neuen Bundesländern das Kandidatenauswahlverfahren über Vorauswahlen laufen lassen, wären die meisten Personalpannen, die dem Ansehen der jungen Demokratie in der Ex-DDR geschadet haben, vermutlich vermieden worden.

45 »Politik« ist abgeleitet von altgriechisch *polis*, die Stadt, und *polites*, der Stadtbürger.

46 Varianten sind »Formalismus«, »Formaldemokratie«, »Systemterror«, »Scheiß-System« usw. Die Zeit der Weimarer Demokratie 1919–1933 wurde von den Nazis als »Systemzeit« bezeichnet. Die Studentenrevolte von 1968 erneuerte dann die Kritik an der Demokratie als »System«. Die »autonome Szene« in Deutschland bedient sich noch heute dieser Ausdrucksweise als Kritik an Dialog und Kompromiß.

47 Parkinson hat in seinem berühmten »Parkinson's Law« dazu das Gesetz aufgestellt, daß die Länge der Beratung im umgekehrten Verhältnis zur Höhe des Betrages steht, um den es geht.

48 Das Folgende beschränkt sich auf kurze Hinweise. Das Recht der Geschäftsordnung ist verzweigt und hochgradig technisch.

49 Henry M. Robert, Robert's Rules of Order Revised, Ausgabe zum 75. Jahrestag der Erstausgabe von 1876, Chicago 1951; Robert's Rules of Order Newly Revised, Glenview, Ill. 1981: Scott, Foresman.

50 Mit voller Absicht werden die Wahlsysteme nicht unter der Überschrift »Mehrheit«, sondern im Kapitel über die Minderheit dargestellt. Es geht bei den Wahlsystemen nicht so sehr um die Frage: »Wie kommt eine Mehrheit zustande?«, sondern um die Frage: »Wie wird die Minderheit zur Mehrheit?« Übrigens: Wer nicht zur Wahl geht, überläßt die Entscheidung, der zu folgen er bereit ist, anderen (entsprechend der »Lösung (3)« bei den Enthaltungen (siehe oben S. 37). Boris Jelzins Referendum vom April 1993 war daher ein Sieg für ihn, keine Niederlage.

51 Den »Conservatives« stehen die »Labour«-Abgeordneten gegenüber. Die dritte Partei der »Liberals« konnte nur in kürzeren Abschnitten der britischen Geschichte größere Erfolge buchen.

52 Bayern kennt eine 10%-Klausel, bezogen auf die sieben Regierungsbezirke: Wer nicht wenigstens in *einem* Regierungsbezirk 10% erhält, ist im Bayerischen Parlament nicht vertreten. Das kommt der landsmannschaftlichen Gliederung der Bayern in Franken, Schwaben, Ober- und Niederbayern entgegen.
53 Siehe oben Anm. 14.
54 Faustrecht ist kein Recht, sondern Anarchie. Die deutsche Rechtsgeschichte spricht vom Faustrecht im Zusammenhang mit dem sog. »Großen Interregnum« von 1250 bis 1273; siehe H. Triepel (1892); J. Kempff (1839); kritisch Erler (1978).
55 Auf die sich beispielsweise der Apostel Paulus berief, um der Geißelung »ohne Urteil und Recht« zu entgehen, Apostelgeschichte 22,25.
56 Magna Charta 1215; Friedrichs II. Confoederatio cum principibus ecclesiasticis 1220; Goldene Bulle 1315; Tübinger Vertrag 1514; u. a. m.; Einzelheiten bei Fikentscher (1977), 463.
57 Republikgründung, Beauftragung Wilhelms und Grundrechtsgewährung wurden verbrieft, die Regeln der Korporationsbildung also eingehalten. Zu Einzelheiten der hier nur kurz zusammengefaßten »Staatsgründung« der Niederlande s. Fikentscher (1977), 520ff.
58 Aus dem Schrifttum zu dieser Entwicklung: Stourzh (oben Anm. 14); Zippelius (1988), § 26; Carl J. Friedrich (1968), 318ff.; Fikentscher (1977), 591ff.
59 Siehe oben Anm. 18. Allgemein siehe Aron (1984).
60 Das überreichte Schriftstück dient auch der Presse als Gegenstand ihrer Berichterstattung, so daß die Öffentlichkeit vom Anliegen der Demonstration erfährt. In Deutschland berichten die Medien fast nur über die Gewalttätigkeiten aus Anlaß der Demonstration und nur wenig über deren inhaltliche Zielsetzung.
61 Zu den sog. Justizgrundrechten siehe unten Anm. 77.
62 Siehe oben Anm. 22.
63 Daran ist der Marxismus gescheitert. Er versuchte, eine Wirtschaft zu sog. Gebrauchswerten durchzusetzen, um den Markt, d. h. den Dialog über Tauschwerte, verbieten zu können. Die Gebrauchswerte sollten wissenschaftlich ermittelt werden. Dies war die Aufgabe der zentralen Planung. Eine Wirtschaft zu Gebrauchswerten verfügt aber über keine Kontrolle der Kosten. Darauf beruht die Verarmung der ehemaligen sozialistischen Länder. Einzelheiten mit Nachweisen z. B. bei Fikentscher (1977), 497ff.; (1979), 100ff.; (1991).
64 Siehe oben Anm. 24.

65 Näher Fikentscher (1991, 1993b).
66 Siehe vorige Anm. Dort weitere Nachweise.
67 Die den Markt garantierenden Zentralbehörden einer Demokratie, das Antimonopolamt (für die Waren- und Dienstleistungsseite des Marktvorgangs) und die Zentralbank (für die Geldseite des Marktvorgangs) bedürfen aus diesen Gründen einer gewissen Unabhängigkeit von der Regierung.
68 Es läßt sich in verschiedener Weise begründen, unter dem Grundgesetz z. B. mit dem Sozialprinzip, Art. 2 I, 14 I 2, 15, 20, 28 GG. Auch Art. 1 (Menschenwürde) ist einschlägig.
69 Siehe oben Anm. 5 und 6.
70 In der modernen Demokratie hat sich das Mehrheitsprinzip durchgesetzt, weil es angesichts der menschlichen Fähigkeit zu irren eine gewisse sachliche Legitimität verbürgt und weil es unter heutigen technischen Bedingungen (Urnen, Wahllokale, Auszählungsweisen) praktisch ist. Siehe aber oben Anm. 32; Bedenken ergeben sich auch wegen der Fälschungsmöglichkeiten, was zu Neuauszählungen (»recounts«) führt. Während der Studentenrevolte von 1968 ff. war bei Universitätswahlen das Stehlen oder Unbrauchbarmachen von Urnen an der Tagesordnung.
71 Zur kulturellen Gerechtigkeit Fikentscher (1992). Interessant ist eine manchmal gegenläufige Bewegung von politischer Selbständigkeit und sprachlicher Eigenständigkeit. Das Franco-Regime hat von 1938 bis 1975 das Mallorquinische, eine Dialektgruppe des Katalanischen, zugunsten des Kastilianischen unterdrückt. Trotzdem wurde stets mallorquinisch gesprochen. Das demokratische Spanien gab den Balearen ein Autonomiestatut. Heute dringt das Kastilianische vor. Die Friesen, die ihre politische Selbstständigkeit an die Grafen von Holland verloren, behielten das Friesische bei. Die Friesen, die sich politisch gegen den Bischof von Bremen behaupten konnten, gingen zum Sächsischen über. Die Lehre daraus ist: Autonomiegewährung bindet ein.
72 Calabresi (1987). Allgemeine These des Werks ist: Minderheiten in gemischten Kulturen auf gleichem Raum bedürfen im Zweifel einer Sonderberücksichtigung.
73 Der Ausdruck »Enklave« für diesen Zweck stammt – soweit ersichtlich – von Spicer (1962), 581 ff.
74 Unter Chief Justice Marshall wurde in den USA erstmals im Jahre 1803 ein Bundesgesetz für verfassungswidrig erklärt, *Marburg v. Madison*, 1 Cranch 137/1803; für Deutschland siehe Art. 100 GG.
75 Zum Vorbehalt des Gesetzes z. B. Zippelius (1988), § 24 I.
76 Dazu Zippelius a. a. O.

77 Als Ausnahme zu Regeln wie »the King can do no wrong«, »sovereign immunity«, »act of state«, usw.

78 Genial gewählter Titel eine Frühschrift von Martin Luther (1520), in dem – ohne daß dies Luther bewußt geworden sein dürfte – auch die Individuation des Menschen als Folge von Tragik und Christentum anklingt. Zur Tragik siehe oben Anm. 8; Fikentscher (1975), 127 ff., 235 ff.

79 Die ihrerseits, unter dem Eindruck des auseinanderbrechenden römischen Weltreiches, zur augustinischen Zwei-Reiche-Lehre führte; näher zu diesen Überlegungen Fikentscher (1975), 365 f. Selbstverständlich gab es viele Versuche, das Christentum polittheoretisch einzusetzen. Eine der geglückten – und politisch erfolgreichsten – Verbindungen war die von fränkischer Treueverfassung (oben Anm. 22) und christlicher Stabilität. Es kann kein Zufall sein, daß genau an diesem Punkte die Calvin-Kritiker, Monarchomachen, Ireniker und Berater Wilhelms von Oranien einsetzen, als es ihnen nach 1572 um die Schaffung einer politischen Lebensordnung für Glaubensindividualität ging: bei den sog. »burgundischen Privilegien«, die ein Musterfall einer fränkischen pledge-of-faith-Verfassung waren; Einzelheiten bei Fikentscher (1977), 544. Zur »konstantinischen Wende« siehe z. B. Assmann 105.

80 Für das Judentum hatte Maimonides schon früher reagiert in seinem Traktat *Moreh Nevuchim*, d. h. Wegweiser für die (scil.: durch die Wiederentdeckung der Antike) verunsicherten Gläubigen (1190), unbeschwert von theokratischem und manichäisch-augustinischem Ballast, und darum um einiges erfolgreicher.

81 Es genügt der Hinweis auf Luthers Schrift »Wider die mörderischen und räuberischen Rotten der Bauern« (1525). Siehe aber J. Heckel (1953).

82 Näher mit Belegen Fikentscher (1977), 520 ff.

83 Durch zentral festgesetzte und politisch erzwungene Werte, iusta pretia, »Gebrauchswerte«, in Verbindung mit einer Wirtschaftsethik des Aufwands anstelle einer solchen des Bedarfs.

84 Nur die Volksrepublik China, Serbien-Montenegro, Cuba und Nordkorea halten noch an zentraler Wertelenkung auf sozialistischer Basis fest.

85 Versuche dazu bei Fikentscher, Modes of Thought – A Study in the Anthropology of Law and Religion – (im Erscheinen).

86 Siehe aber oben Anm. 16.

87 Völkl (1980), 729, 736.

88 »Demokratischer Zentralismus« ist ein in bezug auf das Wort »demokratisch« absichtlich irreführender Ausdruck für die dikta-

torische Staatslenkung durch die von oben gesteuerte Einheitspartei; Zippelius (1988), § 31 II 2.

89 Siehe oben Anm. 22.

90 Siehe oben Anm. 5.

91 Fiske (1898/1930).

92 Siehe nur Duran (1991) und Bassam Tibi (1992).

93 Der mögliche Zusammenhang mit dem nestorianischen Christentum muß hier offenbleiben.

94 Es ist aber darauf hinzuwesien, daß weder in Japan noch in Südkorea jemals ein auf Wahlen beruhender demokratischer Regierungswechsel stattgefunden hat, während z. B. in Deutschland 1969 und 1982 Wahlen zu Mehrheitswechseln führten.

95 Oben Anm. 93.

96 Siehe z. B. Ma (1981).

97 Siehe z. B. Galanter und Dhavan (1989). In diesen Zusammenhang gehören auch die nicht abreißenden Klagen über schwere Menschenrechtsverstöße, die von der indischen Justiz begangen werden (Berichte von Amnesty International 1991 und 1992).

98 Nakane (1970), 11 ff.

99 Siehe oben Anm. 4.

100 Siehe oben Anm. 73.

101 Siehe z. B. Cooter/Fikentscher (1992).

102 Siehe oben Anm. 1 bis 6.

103 Auf solchen Überfremdungsversuchen beruhen die ständigen Spannungen zwischen der Staatsgewalt der USA und den Indianern, namentlich den Pueblos.

Literaturverzeichnis

Aron, Raymond (1984), Über die Freiheiten. Essay, 2. Aufl., Frankfurt/M./Berlin/Wien: Ullstein

Assmann, Jan (1991), Politische Theologie zwischen Ägypten und Israel, Carl Friedrich von Siemens Stiftung, Themen LII, München

Böckenförde, Ernst-Wolfgang (1983), Demokratie und Repräsentation. Zur Kritik der heutigen Demokratiediskussion, Schriftenreihe der Niedersächsischen Landeszentrale für Politische Bildung, Grundfragen der Demokratie, Folge 4, Hannover
- (1987), Demokratie als Verfassungsprinzip, in: Isensee/Kirchhof (Hrsg.), Handbuch des Staatsrechts, Bd. I, Grundlagen von Staat und Verfassung, Heidelberg: C. F. Müller
- (1991), Staat, Verfassung und Demokratie. Studien zur Verfassungstheorie und zum Verfassungsrecht, Frankfurt/M.: Suhrkamp
- (1992), Der Beitrag politischen Handelns zur Verwirklichung von Gerechtigkeit, in: Wilhelm Ernst (Hrsg.), Gerechtigkeit in Gesellschaft, Wirtschaft und Politik. Studien zur theologischen Ethik, Bd. 46, Freibierg i. Ue./Freiburg i. B. 1992, 149–172

Bulla, E. (1973), Die Lehre von der streitbaren Demokratie, AöR, Bd. 98 (1973), 340ff.

Calabresi, Guido (1985), Ideals, Beliefs, Attitudes and the Law. Private Law Perspectives on a Public Law Problem, Syracuse N. Y. 1985: Syracuse Univ. Press. Deutsche Ausgabe (1990): Ideale, Überzeugungen, Einstellungen und ihr Verhältnis zum Recht (Übers. S. P. Martin), mit einem Vorwort von Wolfgang Fikentscher: Duncker & Humblot

Capelle, Wilhelm (1968), Die Vorsokratiker. Die Fragmente und Quellenberichte übersetzt und eingeleitet, Stuttgart: Kröner

Constantinesco, Vlad (1991), Subsidiarität: Magisches Wort oder Handlungsprinzip der europäischen Union, EuZW 1991, 561

Cooter, Robert D. und **Wolfgang Fikentscher** (1992), Is There Indian Common Law? The Role of Custom in American Indian Tribal Courts, John M. Olin Working Paper Series, Olin Working Paper No. 92–3, Law School, University of California at Berkeley

Duran, Khalid (1991), Araber und Perestroika. Die politische Meinung 264, S. 73

Erler, Alexander (1978), Interregnum, in: A. Erler, Ekkehard Kaufmann (Hrsg.), Handwörterbuch zur deutschen Rechtsgeschichte, Band II, Berlin: Erich Schmidt Verlag, 399–402

Evans-Pritchard, E. E. (1940), The Nuer. A Description of the Modes of Livelihood and Political Institutions of a Nilotic People, Oxford: Clarendon Press

Fenton, William N. Hrsg. (1968), Parker on the Iroquois. Iroquois Uses of Maize and Other Food Plants. The Code of Handsome Lake. The Seneca Prophet. The Constitution of the Five Nations, Syracuse N. Y.: Syracuse Univ. Press

Fikentscher, Wolfgang (1958), Wettbewerb und Gewerblicher Rechtsschutz. Die Stellung des Rechts der Wettbewerbsbeschränkungen in der Rechtsordnung, München/Berlin: C. H. Beck
– (1975), Methoden des Rechts in vergleichender Darstellung, Band 1: Frühe und religiöse Rechte, Tübingen: Mohr
– (1976), Methoden des Rechts in vergleichender Darstellung, Band 3: Mitteleuropäischer Rechtskreis, Tübingen: Mohr
– (1977), Methoden des Rechts in vergleichender Darstellung, Band 4: Dogmatischer Teil, Tübingen: Mohr
– (1979), Blöcke und Monopole in der Weltpolitik, München/Wien: Olzog
– (1983), Wirtschaftsrecht, 2 Bände, München: C. H. Beck
– (1991), Die umweltsoziale Marktwirtschaft – als Rechtsproblem –, Heidelberg: C. F. Müller
– (1992), The Sense of Justice and the Concept of Cultural Justice, in: Roger D. Masters/Margaret Gruter (Hrsg.), The Sense of Justice, Biological Foundations of Law, Newbury Park–London–New Delhi: Sage, 106–127
– (1993 a), Probleme der Überleitung einer sozialistischen Zentralverwaltungswirtschaft in eine umweltsoziale Marktwirtschaft, in: Festschrift Peter Lerche, München: C. H. Beck, 893–911
– (1993 b), Oikos und polis und die Moral der Bienen – eine Skizze zu

Gemein- und Eigennutz, in: Festschrift Arthur Kaufmann, Heidelberg 1993: C. F. Müller, 71–80
– siehe auch Cooter/Fikentscher

Fiske, John (1898/1930), The Beginnings of New England or the Puritan Theocracy in its Relation to Civil and Religious Liberty, Boston 1898: Houghton, Miffin & Co., Neudruck Cambridge/Mass. 1930: River Press

Forsthoff, Ernst (1964), Strukturwandlungen der modernen Demokratie, Berlin: De Gruyter

Friedrich, Carl J. (1968), Constitutions and Constitutionalism, Intern. Encycl. of the Social Sciences, Band 3, N. Y. 1968

Galanter, Marc (1989), Law and Society in Modern India, edited with an Introduction by Rajeev Dhavan, Delhi/Bombay/Calcutta/Madras: Oxford University Press

Gierke, Otto von (1868–1913), Das deutsche Genossenschaftsrecht, 4 Bände, Berlin: Weidmannsche Buchgesellschaft, Neudruck Darmstadt 1954: Wissenschaftliche Buchgemeinschaft

Heckel, Johannes (1953), Lex Charitatis. Eine juristische Untersuchung über das Recht in der Theologie Martin Luthers, München 1953: 2. Aufl. Köln/Wien 1973: Böhlau

Heintzen, Markus (1991), Subsidiaritätsprinzip und Europäische Gemeinschaft, JZ 1991, 317

Hesse, Konrad (1991), Grundsätze des Verfassungsrechts der Bundesrepublik Deutschland, 18. Aufl., Heidelberg: C. F. Müller

Hooker, Richard (1592), On the Laws of Ecclesiastical Polity, 8 Bände 1592–1600; zweibändige Ausgabe (die ersten fünf Bücher umfassend) von Christopher Morris, London/New York 1907 (Neudruck 1968)

Jones/Powell (1963), Thucydidis, Historiae, Recognotiv Brevique Ad Notatione Critica Instruxit Henricus Stewart Jones Apparatum Criticum Correxit et Auxit Johannes Enoch Powell, Tomus Prior, Oxonii 1963: Clarendon Press

Kempff, J. (1893), Geschichte des Deutschen Reichs während des Großen Interregnum, Würzburg: Stuber

Kluckhohn, Clyde und **Dorothea Leighton** (1947), The Navaho, Cambridge, Mass.: Harvard University Press

Landmann, Georg Peter Hrsg. (1976), Thukydides. Geschichte des Peloponnesischen Krieges, 2. überarb. Aufl., eingel. und übertr. von G. P. L., Die Bibliothek der Alten Welt, Griechische Reihe, Zürich/München: Artemis

Leibholz, Gerhard (1967), Strukturprobleme der modernen Demokratie, Frankfurt/M., Neuausgabe 1974 der 3. Aufl. 1967: Athenäum/Fischer Taschenbuchverlag

Ma, Herbert H. P. (1981), Communist China and the Rule of Law: Theory and Practice in Review. 17 Issues and Studies. A Journal of China Studies and International Affairs 1981, 76–94

Mahrenholz, Ernst Gottfried (1991), Die Verfassung und das Volk, Carl von Siemens Stiftung, Themen LI, München

Mandel, Ernest (1971), Einführung in die marxistische Wirtschaftstheorie, 11. Aufl., Frankfurt/M.: Neue Kritik

Mecking, Christoph (1991), Das Europa der Zukunft: Subsidiarität, Föderalismus, Regionalismus, EuR 1991, 196

Michaelis, Gottfried (1933), Richard Hooker als politischer Denker, Historische Studien Heft 225, Berlin 1933

Nakane, Chie (1970), Japanese Society, Harmondsworth 1970: Penguin Books (zahlreiche Neudrucke)

Ortiz, Alfonso (1969), The Tewa World. Chicago 1969: Chicago Univ. Press

Perikles, siehe Landmann, Jones/Powell und Vretska

Pospíšil, Leopold (1982), Anthropology of Law – A Comparative Theory, 1971, 1974, zitiert nach der deutschen Ausgabe: Anthropologie des Rechts. Recht und Gesellschaft in archaischen und modernen Kulturen, München: C. H. Beck

Schelsky, Helmut (1973), Mehr Demokratie oder mehr Freiheit?, Frankfurter Allgemeine Zeitung vom 20. Januar 1973

Spicer, Edward (1962), Cycles of Conquest. The Impact of Spain, Mexico and the United States on the Indians of the Southwest 1533–1960, Tucson Az. 1962 (ninth printing 1989): University of Arizona Press

Stern, Klaus (1984), Das Staatsrecht der Bundesrepublik Deutschland, Bd. I: Grundbegriffe und Grundlagen des Staatsrechts, Strukturprinzipien der Verfassung, 2. Aufl., München: C. H. Beck

Stourzh, Gerald (1989), Wege zur Grundrechtsdemokratie – Studien zur Begriffs- und Institutionsgeschichte des liberalen Verfassungsstaats, Wien/Köln: Böhlau

Tibi, Bassam (1992), Naher Osten – Nationalstaaten in der Krise, Die politische Meinung 269, S. 69

Triepel, Heinrich (1892), Das Interregnum, Leipzig: Hirschfeld

Völkl, Ekkehard (1980), Die Rechtsentwicklung in Rußland und der Sowjetunion, in: Wolfgang Fikentscher, Herbert Franke und Oskar Köhler (Hrsg.), Entstehung und Wandel rechtlicher Traditionen. Historische Anthropologie Bd. 2, Freiburg/München 1980: Alber, 729–754

Vretska, Helmut Hrsg. (1966–1970), Thukydides. Der Peloponnesische Krieg, Stuttgart: Reclam

Waters, Frank (1963), Book of the Hopi, Harmondsworth: Penguin Books

Wesel, Uwe (1985), Frühformen des Rechts in vorstaatlichen Gesellschaften – Umrisse einer Frühgeschichte des Rechts bei Sammlern und Jägern und akephalen Ackerbauern und Hirten, Frankfurt/M.: Suhrkamp

Willoweit, Dietmar (1990), Deutsche Verfassungsgeschichte – Vom Frankenreich bis zur Teilung Deutschlands, München: C. H. Beck

Zippelius, Reinhold (1976), Geschichte der Staatsideen, 3. Aufl., München: C. H. Beck
– (1988), Allgemeine Staatslehre, 10. Aufl., München: C. H. Beck

Dieter Nohlen (Hrsg.)

Wörterbuch Staat und Politik

822 Seiten. Serie Piper 1179

Mit diesem Wörterbuch legt der Heidelberger Politikwissenschaftler Dieter Nohlen ein kompaktes Nachschlagewerk vor, das für einen breiten Benutzerkreis in Politik, Verwaltung, Forschung und Lehre, in den Medien und in politischer Bildung konzipiert ist. Es informiert über politische Theorien und Ideologien, über zentrale politische Begriffe, politische Institutionen und Prozesse sowie umfassend über die Politikfelder der Innen- und Internationalen Politik. 129 renommierte Wissenschaftler bürgen für die hohe Qualität von Information und Analyse.

Pipers Wörterbuch zur Politik

Band 1:

Politikwissenschaft

Theorien – Methoden – Begriffe
Herausgegeben von Dieter Nohlen und Rainer-Olaf Schultze.
Zwei Halbbände. Band 1/1: 588 Seiten, Serie Piper 1150.
Band 1/2: 641 Seiten. Serie Piper 1151

»Dies ist eine imponierende Gemeinschaftsleistung der beteiligten Wissenschaftler und ein Aushängeschild für die gesamte Disziplin, das in der Tat schon jetzt als unumgängliches Standardwerk gelten darf.«
Neue Politische Literatur

Kurt Sontheimer

Grundzüge des politischen Systems der neuen Bundesrepublik Deutschland

347 Seiten. Serie Piper 1200

Für die 15. Auflage hat Kurt Sontheimer sein Buch über das politische System der Bundesrepublik Deutschland völlig überarbeitet und aktualisiert. Auch der leicht veränderte Titel zeigt dies an. Neben der Geschichte der Bundesrepublik und der DDR hat der Autor auch die Entwicklung des vereinigten Deutschland bis in die Gegenwart in seine Darstellung einbezogen. Außerdem untersucht er, wie sich das politische System durch den Beitritt der früheren DDR verändert hat und welche Herausforderungen und Perspektiven sich daraus ergeben.

Damit liegt eine Einführung in das politische System der »neuen Bundesrepublik Deutschland« vor, die auch den wissenschaftlich nicht vorgebildeten Staatsbürger anspricht und die für die alten und neuen Bundesländer Gültigkeit hat.